排球运动
从入门到精通

全彩图解版

【美】贝基·施密特（Becky Schmidt） 著　　高旦潇 译

人民邮电出版社

北　京

图书在版编目（CIP）数据

排球运动从入门到精通：全彩图解版 /（美）贝基
• 施密特（Becky Schmidt）著；高旦潇译. -- 北京：
人民邮电出版社，2018.5
ISBN 978-7-115-47968-6

Ⅰ. ①排… Ⅱ. ①贝… ②高… Ⅲ. ①排球运动—基
本知识 Ⅳ. ①G842

中国版本图书馆CIP数据核字(2018)第043987号

版权声明

免责声明

作者和出版商都已尽可能确保本书技术上的准确性以及合理性，并特别声明，不会承担由于使用本出版物中的材料而遭受的任何损伤所直接或间接产生的与个人或团体相关的一切责任、损失或风险。

内 容 提 要

本书能够全面、系统地提高使用者在排球场上的运动表现。书中通过145幅专业排球运动员的全彩示范照片、超详细的分步骤解说、常见错误及解决方案，帮助使用者掌握排球发球、一传、二传、进攻、拦网、垫球等个人技术，提升团队进攻、团队防守的整体战术能力。不同难度等级的专项训练帮助使用者有针对性地加强对技术动作的理解与实践。此外，书中还提供了一个评分系统，用于衡量训练效果，帮助使用者确定是否已经成功地掌握了技术动作的要领。最后，书中还介绍了赢得比赛的执教策略、球队管理，以及不同类别的排球比赛。

无论是正在指导排球队的教练，还是期望提高自己技术水平的排球爱好者、职业运动员，都能从本书获益。

- ♦ 著　　　　［美］贝基·施密特（Becky Schmidt）
- 译　　　高旦潇
- 责任编辑　裴 倩
- 责任印制　周昇亮

- ♦ 人民邮电出版社出版发行　　北京市丰台区成寿寺路 11 号
  邮编　100164　电子邮件　315@ptpress.com.cn
  网址　https://www.ptpress.com.cn
  涿州市般润文化传播有限公司印刷

- ♦ 开本：700×1000　1/16
  印张：13.75　　　　　　　　2018 年 5 月第 1 版
  字数：282 千字　　　　　　　2025 年 10 月河北第16次印刷
  著作权合同登记号　图字：01-2016-10042 号

定价：98.00 元
读者服务热线：(010)81055296　印装质量热线：(010)81055316
反盗版热线：(010)81055315

目　录

攀登通往排球成功的阶梯

跟许多人一样，我也是在小学的体育课中，第一次接触到了排球这项运动。记得一开始，体育老师用气球代替排球，但很快我们就在真正的排球场地打球了，使用的球网也跟成人比赛的球网一样高。坦白地说，我当时并不是特别喜欢这项运动，因为我觉得打排球时，更像两队人在围圈站着，运动太少了。到了中学，有一个朋友想要让我加入学校的排球队，我虽然同意了，但这仅仅是因为我喜欢的朋友也在那个队里。上了大学以后，我渐渐掌握了控制排球的技巧，慢慢地排球在我的手上变得听话了，我才爱上这项运动。

在排球比赛中，理解对手的动作，并猜到对手准备攻击的方向，并不是一件很简单的事情。有的时候，需要一点灵感，才能制定出更漂亮的战术，和队友一起得分并带领球队获胜。打逆风球时，想要反败为胜、翻盘对手，也是需要有耐心的。这些都不是一朝一夕就能做到的事情，对任何人来说都一样。但是如果能坚持下来，不懈努力地攀登通往成功的阶梯，相信你也会和我一样，深深地爱上这项运动。

尽管在学习这项运动的过程中存在着许多的挑战，然而排球却在世界范围内迅速地流行起来。有将近五千万的美国人参与到这项运动中，而排球也成了五大国际运动之一。国际排球联合会（FIVB）是世界上最大的国际运动联盟。2014年8月30日，超过61 500个观众在波兰华沙国家体育场（该体育场通常是作为足球场地）观看了排球世界锦标赛的首轮比赛，即波兰同塞尔维亚的男子排球赛。如今在美国，每年有超过30万的成人和青少年参加各式各样的排球比赛，包括室内排球、沙滩排球和草地排球等。

虽然你可能并不渴望成为一名国家级运动健将或执教出一支全国冠军球队，但排球的成功之路对每个参与者来说都是不同的。它可能是像发球成功地过网一样简单，也可以像指导一支青年排球队取得锦标赛冠军一样充满挑战。也许你正在努力赢得校内比赛的冠军，培养一个新的爱好，结交新的朋友或是在放弃排球之后重新开始。无论你的动机是什么，成功离你都并不遥远。

在本书中，读者能够学到排球基本技巧的关键部分，以及如何实践这些技巧。本书致力于帮助读者了解以特定方式发挥技巧的重要性。当你学习每一项技术时，请按照以下顺序，这会使你的学习收到最佳效果。

1. 学习每一步骤中所包含的技巧，并且理解其为什么重要以及如何进行实践。

2. 观察示范者成功运用该技巧的照片。

3. 阅读及练习每项训练，并在每个技巧章节最后的成果检验处追踪自己的进度。

4. 找一个合格的观察员，例如老师、教练或者受过训练的同伴等，在完成每项训练后，通过将他们对你的评价与你的自我评价相比较，来提升自己的技能水平。

5. 一旦达到了各项技巧指定的成功水平，就可以继续进入下一步骤了。

虽然你可能急切地想要快速完成这些步骤，但请确保一定要不断地回顾这些技巧，这样可以保持自身对其的掌握。同样，你可以通过调整速度、时长、复杂度等书中所包含的标准，来提高每项训练的强度（或在觉得困难时适当减轻）。比赛中特定位置的选手对某些个别技巧需要更多的训练，但每个排球运动员都需要对所有的技巧掌握到一定程度。要不断地练习基本功，这样才可以成为多面手，并且能够在比赛中发挥出自己最好的一面。

当然，最终测验便是进行实际比赛，这也是最有乐趣的。在你尚未完成所有步骤之前就参加排球比赛时，要确保注意力集中到当前所进行的步骤。尽量不要被还没有学到的东西分散注意力，否则的话，比起进步反而会退步。通过花时间在受控的环境中对每个部分进行练习，再将学到的东西应用到竞技比赛中去，你会发现自己的技能得到了提升且对于排球的理解也加深了。在参与这个比赛的过程中，不要害怕失败，试着模仿那些能够很好掌握技巧的人，想象自己能够成功，并享受这个过程。最后，祝你们一切顺利，赢得更多比赛！

扫码立即免费领取10个
排球传球基础训练方法

致谢

在我创作这本书时，有很多导师和朋友都给予了我帮助，其中包括我在美国霍普学院、迈阿密大学和雷德兰兹大学时认识的莫伦·杜恩、卡拉·沃尔特斯、卡洛琳·康迪特、丽莎·丹克维奇、帕克·拉布拉多和叙泽特·索波蒂。同时，我也非常感谢美国排球教练协会（AVCA），能够提供机会让全国各个排球队的教练们自由地交流自己的想法。

我很高兴能有机会同许许多多出色的学生运动员们一起工作。我很感谢他们对我的项目的帮助，并为她们的成长感到自豪，尤其是那些选择当教练来回报这项运动的人。同样，我很感谢我的专业助理教练们，特别是让·凯格蕾丝，一名忠诚、无私的伙伴，对于团队年度任务的成功付出了很多。

教学与教练工作都绝非易事。如果没有我的丈夫戴夫·弗利斯和我的父母的支持，我无法在我的学生运动员身上投入这么多的时间和精力。感谢他们不仅爱着我，同时也爱着我的学生们。

关于排球这项运动

"排球是一项十分适合在体育馆或运动场进行的运动，
同时也可以在室外进行。参与运动的人数没有限制。
这项运动主要在于保持球的运动状态，将其从球网的一边打到另一边。
因此，排球同时包含了网球和手球这两项运动的特点。"

——北美基督教青年会官方手册中的排球原始规则

排球这项运动，自威廉·摩根100多年前于一家北美基督教青年会体育馆被发明以来，已经发生了很大的改变。然而，正如摩根在排球规则手册中第一行所写的那样，排球的精神始终不曾改变。摩根对于排球的参与人数和适用场地的灵活规定都十分具有远见，也因此令排球有着广泛的参与度且极受欢迎。无论是后院的草场还是奥林匹克沙滩排球场地又或那些主要的运动场等，都可以打排球。现在，排球是世界上最受欢迎的运动之一。仅在美国，每年就有660万人参与这项运动。

排球的历史

1895年冬天，美国人威廉·摩根发明了排球。当时，他是马萨诸塞州霍利约克市的一名体育教练。他发明的排球不像篮球那么激烈，但也仍然需要同等强度的体力活动。这项运动在构成上则与棒球相似，一场比赛要进行9局以上，并且只有发球队可以得分。每局比赛由其中一队发球，直到发球方输掉3回合（称为出局）后，更换发球队。另一队输掉3回合后，双方再次交换发球权，开始新的一局。

当时的排球球场比如今的球场略小，球网两边分别是边长为25英尺（即7.6米）[而非如今的29英尺6英寸（即9米）]的正方形场地，球网距离地面6英尺6英寸（即2米）高。球员用手掌击球传递给其他球员，将球从球网的一边打到另一边，且球不可处于明显的静止状态，否则会被判为违规触球从而输掉这一回合。这些规则都跟如今的排球十分相似。

当然，摩根所发明的排球与现代排球之间也有一些差别。首先，球员可以持球至球场上的运球线（网前1.2米处的一条线）前方任意一处，以此方法来在己方场地上控制球。球员在将球打到对方场地上之前，接触球的次数并无限制。而现代排球规则中，球员在本方球场则最多只可以接触排球三次。如网球一般，发球者若第一次发球失败，则允许有第二次发球机会。除第一次发球外，任何打到球网上的球，都被认为是违规的，触网前最后接触到排球的一队输掉这一回合。任何压线的球，均视为出界，然而在如今的比赛中，压线球被算作界内球。

排球作为春田学院（位于马萨诸塞州）和乔治·威廉姆斯大学（位于伊利诺伊州）的体育课项目，慢慢地流行开来。国际交流则将这项运动带到了加拿大、菲律宾、中国、日本、缅甸和印度。后来，排球传到了南美洲和欧洲。根据国际排联的统计，在1916年，美国有20万人曾打过排球。并且全国大学体育协会也为校际比赛拿出了其第一份排球规则手册。

自从美国在1924年巴黎奥林匹克运动会上，向人们展示了排球这项运动以来，国际上对于排球的兴趣一直不断增加。1964年，排球在东京奥运会上被正式列为奥运会项目。虽然排球是在美国发明的，但却是其他国家赢得了奥运会比赛的冠军。这届奥运会女子排球赛中，日本队凭借着主场优势，打败了苏联队，赢得了冠军。而男子比赛中，苏联队则战胜了捷克斯洛伐克队，最终捧杯。苏联是获得奥运会室内男子和女子排球赛金牌最多的国家，多达12枚，若1996年后，俄罗斯的金牌也算在内的话，金牌则多达18枚。日本和巴西并列第二，金牌数为9枚。美国曾获得3枚奥运会男子室内排球金牌（分别在1984年、1988年和2008年），而女子排球队则曾赢得过3枚室内排球银牌（分别在1984年、2008年和2012年）。

虽然室内排球赛的参与人数最多，但同时，有440万美国人参加沙滩排球赛。沙滩排球作为1992年巴塞罗纳夏季奥林匹克运动会的展示项目，于1996年正式加入了奥林匹克运功会。与室内排球不同的是，沙滩排球发明于美国加利福尼亚州南部，并且继续向人们展现了其运动顶尖人才。美国排球传奇凯奇·凯拉里分别在1984年和1988年赢得男子室内排球奥运金牌之后，又同队友肯特·史蒂夫一起，夺得了沙滩排球的冠军。到2012年伦敦奥运会上，密斯特·梅-特雷纳和凯丽·沃尔什已经连续3年获得沙滩排球冠军。

而后出现了草地排球锦标赛和联赛，排球锦标赛变得更加多样化，有着不同的形式、主题和场地。摩根所发明的原始规则对于排球比赛球员的人数和场地的限制很小，十分灵活，这在一定程度上促进了排球的发展。排球锦标赛和联赛的场地可以是泥地、雪地、路面或者水中，队伍人数则从2人到9人都可以。坐式排球为残奥会版本，下肢残疾的运动员在较小的球场里，使用更矮的球网进行比赛。打排球的方法只受想象的限制，多年来人们发明了许多有趣的打法。

排球规则

本书中使用的排球规则为美国全国大学体育协会（NCAA）和美国全国高中联合会（NFSH）所采用的规则。国际比赛中的规则同娱乐时所使用的规则有着细微的差异。排球规则在近20年中有很大的变化。而由于排球渐渐受到电视观众和广告商的欢迎，其规则还将继续改变。在进行比赛前，最好先确定一下本场比赛使用的是哪个机构的规则手册。

球场尺寸及球网高度

标准排球场的球网两边分别为一个边长为29英尺6英寸（即9米）的正方形（如图1所示）。在男子排球比赛中，球网高度为7英尺11又5/8英寸（即2.43米），而在女子排球比赛中，球网高度为7英尺4又1/8英寸（即2.24米）。球网的两侧设有标志杆，用来标记球网处上方的球场边界。当球在标志杆外侧触网，或者从标志杆外侧或上方通过时，都视为界外球，这一球结束。球网两边距离球网3米处的地方各有一条进攻线。后排队员不可在球比球网高时击球进攻，也不可在进攻线前方拦网。所有发球，队员在击球时必须站在端线两边的边线延长出的短线之间。裁判台与远离运动员席和记分台一侧的网柱支柱相连，网柱和裁判台均包着保护软垫，防止运动员在追球时撞到而受伤。此外，球场四周最好有至少3米宽的无障碍区，来确保队员在追不确定球时的安全。

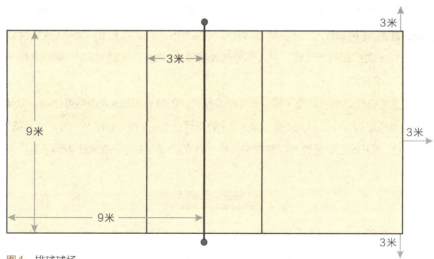

图1　排球球场

计分规则

在1998年以前,大多数的排球比赛都采用发球方得分制,即只有发球的队伍能够得分。这导致了由于比赛的时长无法预计,而很难安排播出的时间。因此那个时候排球比赛很少能够在电视上播放。为了使排球比赛对电视观众更有吸引力,国际排联改变了计分规则,引入了每球得分制。从此,无论是否为本球的发球队,都可以得分。完成一场比赛需要五局三胜或三局两胜。每一局率先取得25分且领先对手2分的队伍获胜,决胜局(即第三局或第五局)则为率先取得15分且领先对手2分便可获胜。若一方在达到25分(或决胜局中的15分)时,未领先对手2分,则比赛继续,直到其中一方领先2分。基本上得分没有上限规定,比赛会一直持续进行,直到双方达到规定的分差。大多数三局两胜的比赛时间在45分钟到1小时左右,五局三胜比赛则会持续90分钟到2小时。

队伍成员,队形和队员的替换

标准的室内排球比赛由每队6名球员参加,并且规定发球次序。发球队员为位于场地右后方的队员。每当接发球队伍从对手处赢得发球权时,队员需按照顺时针方向轮转一个位置,且必须按照比赛开始前填写的次序轮转(如图2所示)。在一队发球时,全场球员必须按照发球次序站位,但发球结束后,队员的移动和站位便不再受限,可任意移动到球场各处。由于规则禁止后排队员在进攻线以前对高于球网的球进行攻击或拦截,因此后排队员最好在一球进行中留在后排区域。比赛时可以换人。然而一旦替换,则该队员在本局结束前,只能位于原阵容的位置上。(例如若1号选手被12号选手替换下场,那么再上场只能是1号替换12号。)队员可以选择多次重新回到比赛,但大部分的比赛规则规定,一支队伍在一局比赛中最多可以进行12或15次替换。

虽然官方的排球规则中规定了每队6名球员参赛,但队员不足6人也能够比赛。只要两方人数相等,可以进行5对5、4对4甚至是1对1的排球比赛(1对1比赛中,每人要连续触球3次)。只要在比赛开始前清楚地制定好规则,就可以享受到规则变化带来的不同乐趣。

队员位置

许多专业队伍会要求处于不同位置的队员专门训练不同的技术,而娱乐性质的队伍则会要求队员练习所有的技术。更高的专业性会提高比赛的水平,但同时也会使初学者感到迷茫。在努力变得专业之前,应该了解所有的位置以及其所对应的职责。在第9章中,本书会更加详细地对不同的位置进行说明,但大致的了解可以帮助你在学习排球的过程中更好地理解这些技术。

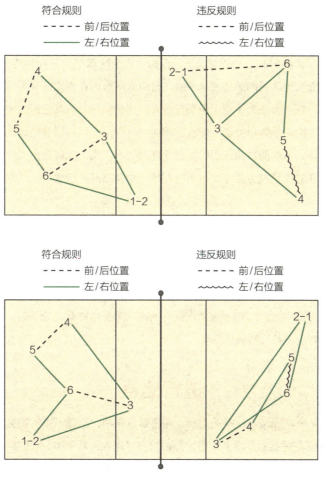

图2　发球次序和错误轮转

左侧攻手（主攻），右侧攻手（接应）和副攻手

左侧攻手（主攻）负责进攻，以及场上左前方（区域4）的防守。副攻手在前排中间（区域3）进行进攻和拦网。副攻手主要负责拦住对方副攻手的快攻并对靠近标志杆的拦网进行防守。右侧主攻手负责攻击，以及场上右前方（区域2）的防守。一般来说，右侧攻手较擅长拦网，并且受击球的角度所限，惯用左手者在这个位置上更有优势。二传手在中排时，一般从右前方进行防守，在后排时则从右后方进行防守。以上为现代排球比赛中大多数排球队所使用的标准位置。

自由人

　　自由人主要是负责防守，最早是在1998年出现在排球比赛中，目的是用来减少攻手们的优势并延长一个回合的时间。一般情况下，自由人由全队最擅长防守和传球的队员来担任。自由人的替换不受其他队员的替换要求所限。自由人队员可在规定的最多替换次数中，随时与其他队员交换位置。因此为了便于识别自由人，其必须身着与其他同队球员明显不同颜色的球衣。同时，无论后排队员处于发球次序的何处，自由人都可以替换该队员。自由人可以代替一名队员发球，但仅能在该队员的发球次序时间内。为了保证自由人专注于防守，规则规定自由人不能在进攻线前方传球，也不能在球比球网高时进行攻击（这点无论在进攻线前或后都不可以）。

二传手

　　二传手通常负责队伍在3次触球中的第2次，并且决定哪名攻手来向对方进攻。一般情况下，二传手在球场的右前方和右后方来回切换进行防守，便于快速到达一般的传球目标位置，即中场的右方和球网附近。二传手应动作反应迅速，对于比赛有充分了解，才能对场上情况进行预判，从而做出正确的判断和行动。

进行比赛

　　首先，排球是一项隔网对抗类的运动。在比赛过程中，排球不可有明显的静止。若球被接住或在击球时球在球员的身体上停留，会被判击球违规，对手得分。同时，排球也是一项团队运动，同一名队员不可连续击球2次。比赛中，队员不可在已经击球或触球后，仍试图连续击球。若队员在接发球或进攻球时，球在球员的同一个动作过程中分别接触了其胳膊和肩膀，则这种二次触球是被允许的。

　　通常，排球的进攻手段分为扣球和吊球。进攻一方的队员中，只有此时站在进攻线前面的3名队员可以任意对高于球网的球进行扣球或吊球。而站在进攻线后面的球员，只能双脚在进攻线之后的条件下发起进攻，但落地后双脚超过进攻线不视为犯规。若想对对方的进攻进行拦网，则只有在排球已经部分或者全部进入本方场区空间后，才可拦。拦网队员不可将手越过球网并干扰对手传球。然而，若对手已经连续触球3次，则在球还未穿过球网上空平面之前，拦网队员也可将手伸过球网，在对方场区击球。拦网时的触球不算作球队3次触球中的1次。若两名队员同时拦网且同时触球，则算作本队1次触球。此外，对发球的直接拦网和进攻都是违规的。

一个回合的结束

出现以下情况时，此回合结束，一方得分。

- 发球未过网或在未接触到接发球方队员的情况下，直接落地出界。
- 发球时，队员未轮转。
- 排球接触到地面。
- 球在碰到一名队员之后，未被击回。
- 同一队伍连续触球4次（拦网触球除外）。
- 一方犯规或违反其他规定。
- 一方在比赛过程中触网（不包括由于球被击入球网而造成球网触及队员的情况）。
- 一名队员完全越过中心线（标志杆以内的区域）或在比赛中干涉对手。

以上情况中，每球结束后都会有一队得分。但在以下情况下，该球会被判无效，该回合重赛。

- 双方球员同时触网。
- 球场受到人或物的干扰（通常为相邻球场的球滚到本球场）。
- 比赛中有球员受伤，若继续比赛可能会威胁到该球员的健康。

重赛意味着本球不计分，先前的发球队保留发球权。当第一裁判向某个队伍或教练出示红牌时，该队失1分。裁判出示红牌进行处罚的情况包括无运动员风范的行为、引发混乱的行为、不正当的替换、超时请求、使用违规援助等。同时，裁判也可自行决定使用黄牌来对这些行为提出警告。

着装与器材规定

队服上衣必须有明显的编号，方便裁判确定发球次序是否正确并准确记录队员的替换。规则并不要求参赛双方一定要穿颜色容易区分的球服，但这确实更利于队员在网前分清队友和对手。

第一裁判有权决定球员佩戴的首饰、硬物或固定器等物品是否过于危险，影响比赛。戒指、耳环和项链等饰品容易缠在球网上或与排球接触，这在某种程度上可能会导致球员受伤，因此不应当佩戴此类饰品。手上和胳膊上禁止佩戴任何硬物，因为可能会在网前击球时对其他人造成伤害。脚踝固定器或四肢上的其他软式固定器一般是安全的，因此允许佩戴。

很多排球运动员会在比赛时佩戴护膝，从而在鱼跃救球、摔向地板时能够保护膝盖。但佩戴护膝并不是硬性规定。实际上，如果运动员能够掌握正确的鱼跃技巧，膝盖不会轻易受伤，因此护膝并不是必需的。而且水平最高的运动员们通常也不佩戴护膝。

任何鞋底无标记的运动鞋都可以穿着参加排球比赛。专门的排球运动鞋能够保持双脚的凉爽，使排球运动所带来的垂直和水平压力最小化，并提供稳定性和摩擦力。

热 身

在做任何运动之前，动态热身都是不可或缺的，排球当然也不例外。从轻度（例如慢跑和双手画圈）到中度（例如高抬腿以及与队友相互传球），逐渐提高动作的强度。热身运动能够帮助促进血液流动，令肌肉和关节做好运动的准备。由于排球容易对肩膀造成负担，最好额外增加这一重要关节的活动时间。和队友一起热身，自己抛球，然后将球击打至队友的脚边，并逐渐增加手臂摆动的速度和力量。在热身的最后，记得做一点轻松的拉伸运动。

不同种类排球比赛的规则差异

威廉·摩根在编写排球的原始规则时，给排球规则的变化提供了机会。事实证明，这些变化很受欢迎。在第10章中，会有更多关于排球规则变化的细节，但为了使读者大致了解，便于更快地开始运动，以下几段简要说明了几种排球的娱乐形式。

沙滩排球（双人）

沙滩排球的球场上没有中心线，只有一方球员对对手进行干扰时，会被叫犯规。若场地中未使用标志杆，则排球必须在球网两侧之间的位置过网。每得7分，双方队员更换场地，进行到21分时，一局结束。拦网触球视为该队的1次触球。队员可以使用双手来改变发球，要求为双手应保持固定不动，仅仅使发球的方向发生改变。球场大小与室内排球也略有不同。沙滩排球场宽26英尺3英寸，长52英尺6英寸（即8.16米宽，16.32米长），比室内排球场更短也更窄，两边分别小3英尺（即1米）。沙滩排球比赛所用的排球比室内排球稍大也稍重一些，以此来减少风对球的影响。

国际比赛（国际排联）

国际比赛规定每局比赛的替换次数不可超过6次。自由人不可发球。触网时，接触到球网的上3英寸（即7.6厘米）部分视为犯规。

男女混合排球

比赛使用的球网高度与男子排球比赛相同。在一球中，一支队伍若有3次触球，那么必须有1次由女性队员进行。

反向混合排球

比赛使用的球网高度与女子排球比赛的球网相同。比赛中，所有男性队员的攻击必须位于进攻线以后。

比赛的裁判

裁判组成员包括第一裁判、第二裁判、司线员和记分台工作人员。尽管没有裁判员也可以进行排球比赛，但严肃认真的裁判员们能够调整比赛的节奏并确保结果的公正。

第一裁判为前场裁判员，位于球员席位和记分台对面的球网一端的高台上执行其职责。比赛前，第一裁判负责检查所有的设备，以确保符合比赛标准。与球队代表讨论比赛相关事项，并组织双方进行热身活动。在比赛中，第一裁判通过鸣哨，示意发球权、轮转信号、持球犯规以及触网犯规（触碰到球网上端）。在第二裁判和司线员的帮助下，第一裁判有权决定球是否出界，哪一队为最后触球队。第一裁判对所有的违规行为以及队伍的超时进行处罚，示意暂停和轮转，且有权在观众干扰到比赛时暂停比赛。图3和图4所示是裁判员和司线员在排球比赛中常用的手势。

第二裁判位于靠近记分台和球员席位一侧的球网柱边，主要职责是确保比赛按照规定进行。第二裁判负责确保发球正确、核实发球次序和接发球方的轮转调整，以及确认中线和触网犯规。第二裁判协助第一裁判对持球犯规和拦网触球进行判断，但除非明显在其范围内的犯规，其他情况下，第二裁判均不可鸣哨。有时，第一裁判会就某项判罚与第二裁判讨论，但最终决定判罚的始终是第一裁判。

司线员位于球场的两个斜对角，这个位置可以让他们清楚地观察到各自负责的靠近自己的边线和端线。司线员必须始终关注着比赛，随时对球是否出界、拦网时是否触网、球在越过球网时是否在标志杆以外等做出判断。为了使自己能够有更好的角度和视野，或者在球员追不确定球时、发球队员在角落发球时避免自己干扰到比赛，司线员可以从其规定的位置移动到其他地方。尽管在很多小型比赛中，司线员由其他队员甚至家长来担任，但我们也要充分意识到他们也是裁判组的成员，应对他们给予与裁判员同样的重视。

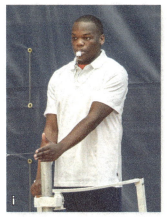

a 指明发球方；b 允许发球；c 界内球；d 界外球；e 打手出界；f 二次击球；g 持球；h 后排进攻；i 触网；j 轮转错误；k 中线犯规。

图3 裁判员手势

错误

并非本队指定的场上队长，却直接与裁判员交流。

更正

在教练和裁判员之间的所有交流都要通过场上队长来进行。场上队长在每局开始前由主教练指定，作为教练与第一裁判之间的联络人员。

通常情况下，记分台处有3名工作人员，每名工作人员都有特定的任务。正式记录员负责通过使用纸质表格，来确保比赛中的每次轮转都是正确的，确定每个队伍的正确发球人。同时，要记录各队进行的替换，以及剩余的暂停次数。记分板操作员的工作则是将正式记录员在表格中所记录的分数反映到计分板上。虽然这项工作看起来有些多余，但两名工作人员能够更加确保分数的准确性。第三名工作人员负责记录自由人的上场和下场，以确保自由人替换的队员是符合规定的，且其发球次序也是正确的。此外，统计员、公共广播员以及一些媒体的工作人员也可能会出现在记分台处。

a 打手出界；b 脚步犯规；c 界内；d 界外；e 空中界外。

图4　司线员手势

图解说明

- - - ► 球的飞行路线

──► 球员移动路线

⚠ 圆锥体标记物

🏐 球车

A   进攻队员

B   拦网队员

D   垫球队员

F   提供排球的队员

H   攻手

LB   位于左后方的防守队员

LFB   左侧拦网队员

MB   位于中后方的防守队员

MFB   中间拦网队员

P   传球队员

RB   位于右后方的防守队员

RFB   右侧拦网队员

S   二传手

Sv   发球队员

T   目标

Ts   抛球队员

X,Y   任意队员，位置未明确固定

发 球

排球比赛中的每一分，都是从发球开始的。许多人都把发球简单地视为比赛开始的方式。
但强大的球队则将发球视为第一个让自己占得先机、令对手处于劣势的机会。有效的
发球意味着要追求一种微妙的平衡，即发球要足够强硬，迫使对手误传，也要足够保守，避
免发球出界导致失分。为了令发球兼具准确性和攻击性，球员在发球时要既准确又有目的性。

站立发球

在排球比赛中，站立发球是运动员最易控制的技巧。发球者可以按照自己的想法控制自
己抛球、脚步和摆臂的动作。因此，一般来说，站立发球是最不容易发生失误的。但站立发
球仍然需要良好的协调性。本部分分别讲解了关于站立发飘球和站立发旋转球的技巧。

站立发飘球

站立发飘球为排球中最常见的发球方式（如图1.1所示）。发球者站在离端线几步远的位
置，将球抛起的同时向前迈步，张开并伸直手掌，击打球的中心部位，且在击中后继续保持朝
着目标方向。击球点与目标一致，使发出的球不旋转，直接越过球网。排球上的接缝与气流会
产生微妙的相互作用。因其不可预测，从而增加了接发球的难度（与棒球中的不旋转球类似）。

在站立发飘球时，首先站在靠近自己的指定防守位置最近的端线后方两步远处。双脚、
髋部和肩膀正对瞄准的目标区域。将重心放在与惯用手同侧的脚上，用非惯用手持球，手臂
朝发球的目标方向伸直，然后用惯用手扶住球。发球时，抬起惯用手手臂，使肘部靠近肩膀，
同时另一只手将球抛起至惯用手一侧的肩膀前上方2英尺（0.6米）处。与非惯用手一侧的脚
向前迈一步，同时张开惯用手手掌，击打排球的中间部位。发球后，使手掌跟随球运动，并
保持手掌正对目标区域。而后，惯用手一侧的脚向前迈步，然后快速移动到防守位置。

准备

1. 站在靠近指定防守区域的端线后两步远的位置。

2. 双脚、髋部与肩膀正对目标区域站好。

3. 将重心放在惯用手一侧。

4. 用非惯用手持球。

5. 将非惯用手手臂向目标区域方向伸直。

6. 用惯用手扶住球。

发球

1. 将惯用手手臂抬起，肘部靠近耳朵。

2. 另一只手轻轻将球抛起到惯用手一侧的肩膀前上方大约2英尺（0.6米）处。

3. 将击球手臂另一侧（即非惯用手一侧）的脚向前迈一步。

4. 张开手掌，击打球的中间部位。

随球动作

1. 使手掌跟随球运动。

2. 保持手掌正对目标区域。

3. 惯用手一侧的脚向前迈一步，然后迅速移动到防守位置。

图1.1 站立发飘球

错误

发球中存在的许多问题，例如发飘球太深或太宽导致出界，或发球触网等，均是因为抛球不正确引起的。

更正

确保抛球能够将球平稳地抛于击球手臂一侧的肩膀的前上方。稳定的抛球是发球稳定的前提。

站立发旋转球

站立发旋转球（如图1.2所示）的准备动作同站立发飘球相似，但击球时需要灵活的腕部动作，即手掌在球的下部击球，击球后手腕向前推压。上旋球会使球向前沿直线飞行，在到达另一侧球场时急剧下降。这种发球一般力度较大，但由于排球的飞行轨迹可以预测，因此旋转发球的接发球一般比接飘球更加准确。

发球前，首先站在自己的指定防守位置附近的端线后两步远处，双脚、髋部和肩膀正对瞄准的目标区域。将重心放在与惯用手同侧的脚上，用非惯用手持球。持球的手臂朝瞄准的方向伸直，然后用惯用手扶住球。非惯用手一侧的脚向前迈一步，然后将球抛至击球肩膀的前上方。注意抛球的高度一定要够高，使击球手臂在完全垂直伸展的情况下，打到排球的中下部。击球时，将惯用手伸向排球，并在击球时将手臂完全伸展。手腕放松，手掌先接触到排球下方，而后移动至排球上方。击球后手臂自然下落至髋部，将脚向后撤回并快速移动至防守位置。

准备

1. 站在靠近指定防守区域的端线后两步远的位置。

2. 双脚、髋部与肩膀正对目标区域站好。

3. 将重心放在惯用手一侧。

4. 用非惯用手持球。

5. 将非惯用手手臂向目标区域方向伸直。

6. 用惯用手扶住球。

7. 非惯用手一侧的脚向前迈一步。

8. 将球抛起到惯用手一侧的肩膀前上方。

发球

1. 将击球手伸向球，击球时手臂完全伸展。

2. 手腕放松。

3. 击球时，手掌先接触到排球下方，而后移动至排球上方。

随球动作

1. 击球后手臂自然下落至髋部。
2. 将脚向后撤回。
3. 移动到防守位置。

图1.2 站立发旋转球

若击球位置过高，则会发球触网。若击球位置过低，则会把球挑高，导致出界。对排球的不同位置进行击球尝试，能够使你的发球更加稳定，避免发球失误。对于每一名球员来说，击球的最佳位置都是不同的。一旦找到了适合自己的击球位置，尽量在每次发球时都击打排球的同一位置。

错误

许多球员为发球的准备设计了复杂的动作，例如向球走好几步或者将球抛得太高。

更正

动作越多，越容易失误。发球动作应尽可能简单，这样发球才会更加稳定。

跳发球

站立发球是发球者最易控制的发球方式，而跳发球虽不易控制，但可以使发球更有力量。在跳发球的发球准备阶段所产生的冲力能够转移到排球身上，使发球的速度提高20英里/小时（即32千米/小时）以上。但是随着力量的增加，风险也会越来越大。此外，跳发球在球的轨迹上也有一个优势。由于跳发球的击球点要比站立发球高，因此比起站立发球，跳发球在过网时的弧度更平。这种近似于水平的轨迹同样也增加了发球触网的风险。然而，在高水平比赛中，许多球队会接受这种风险而选择跳发球。这是因为若跳发球能够击中要害，则会是一种高效的进攻方式。队伍必须发棘手的球给对方，来避免对手接发球过于顺利。而想要获得发球优势就意味着接受更高的风险。跳发球就是其中的一种方法。

跳发飘球

跳发飘球（如图1.3所示）是排球比赛中最有效的发球方式。发球者将球抛到自己身前稍高一点的地方，跳起击球，并在击球后保持手腕不动，手掌始终面向目标。跳发飘球的击球点更高且排球速度也更快，因此球在空中运动时，移动的方式和角度变化多端，这给对手准确接发球带来了挑战。

在跳发飘球时，首先站在靠近指定的防守区域附近的端线后三至四步远处。双脚、髋部和肩膀正对瞄准的目标区域。将重心移到与惯用手同侧的脚上。非惯用手持球，向前迈步，并将球抛到击球手同侧肩膀的前上方。然后用一只脚起跳，落地时双脚落地，同时将两只手臂抬起到身前并举过头顶。落地后，再次朝球的方向起跳，将自身的横向冲力变为垂直。高举两只手臂，将击球手的肘部抬高到脑后。张开手掌，直接在球后中心处击球，注意击球点要比站立发球时稍高。发球后，手跟随球运动，保持手掌正对目标区域。而后双脚同时落地并迅速移动到防守位置。

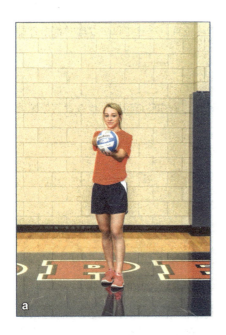

准备

1. 站在靠近指定的防守区域附近的端线后三至四步远处。
2. 保持双脚、髋部和肩膀正对目标。
3. 将重心放在与惯用手同侧的脚上。
4. 用非惯用手持球。
5. 向前跨步，并将球抛到击球手同侧肩膀的前上方。

发球

1. 用一只脚向前跳。

2. 双脚落地，同时将两只手臂抬起到身前并举过头顶。

3. 再次起跳。

4. 高举两只手臂并将击球手的肘部抬高到脑后。

5. 张开手掌直接在球后中心处击球。

随球动作

1. 使手跟随球运动。

2. 保持手掌正对目标区域。

3. 双脚同时落地。

4. 迅速移动至防守位置。

图1.3 **跳发飘球**

错误

球员在跳发飘球时，抛球过高。

更正

在进行跳发球时，为了降低失误的概率，抛球高度要比击球点高。但抛球越高，而后的击球的变化性就越大。发球应尽可能地追求平稳。

跳发旋转球

　　发球员在发上旋球时，击球越有力，击球点越高，则发球效果越好。更高的击球点能够令发球的飞行弧线更平，到达对方球场的速度也更快。击球越用力，球在飞向对方球场后下降的轨迹也会显得越陡。这种发球的挑战从来都是风险与回报并存。

　　奥运会男子和女子排球运动员在发跳发旋转球时，排球的速度能够达到55~70英里每小时（即88~113千米每小时）！当使用这样大的力量击球时，手掌击打排球的位置必须要非常完美。否则，即使是最微小的失误也会导致发球过宽而出界。尽管跳发旋转球看起来十分有冲击力，但除了在专业比赛中，很少能见到有效的跳发旋转球。

　　在跳发旋转球时，首先站在靠近指定的防守区域附近的端线后三至四步远处。双脚、髋部和肩膀面对瞄准的目标区域。将重心移到与惯用手同侧的脚上。非惯用手持球，向前迈步，并将球抛到击球手同侧肩膀的前上方。用一只脚起跳，落地时双脚落地，同时将两只手臂抬起到身前并举过头顶。然后将击球手伸向球，保持手臂完全伸展，手腕放松。击球时手掌先接触到排球下方，而后移动至排球的上方。击球后，双臂自然下落至髋部，双脚落地，而后迅速移动至防守位置。

准备

1. 站在靠近指定的防守区域附近的端线后三至四步远处。
2. 保持双脚、髋部和肩膀正对目标。
3. 将重心放在与惯用手同侧的脚上。
4. 用非惯用手持球。
5. 向前跨步并抛球，将球抛到击球手同侧肩膀的前上方。

发球

1. 用一只脚向前跳。

2. 双脚落地，同时将两只手臂抬起到身前并举过头顶，而后再次朝球的方向起跳。

3. 将击球手伸向球，击球时手臂完全伸展。

4. 保持手腕放松。

5. 击球时，手掌先接触到排球下方，而后移动至排球上方。

随球动作

1. 击球后手臂自然下落至髋部。

2. 双脚落地。

3. 快速移动至防守位置。

图1.4 **跳发旋转球**

错误

在抛球不完美时，球员仍然充满攻击性地击球。

更正

在抛球过前或球与身体不在一条直线上的时候，要学会调整挥臂的速度。因为糟糕的抛球并不意味着一定会发球失误。做出调整，使球正常发出，而不要一味地追求进攻性。

发球的其他变化

飘球和旋转球是如今排球比赛中最常见的标准发球方式，但同时，它们也存在着许多的变化。有些球员在跳发球时，利用单腿起跳，使用四步法来接近排球；或者抛出很高的球，以此来增加发球的速度和力度。有些球员在击球时，选择击打球的外侧，打出侧旋球，使球在飞行过程中，从球场的一侧突然转向至另一侧。在户外排球比赛中，常见的发球则是高空球。这是一种下手发球，球的轨迹较高，使接发球球员在判断球的轨迹时必须要直视太阳。

发球策略

往球场的不同位置发球能够增加对手接发球的难度，为本队取得一定的发球优势。但对于初学者来说，往特定的位置发球更加容易，发挥也会更稳定。因此，球员在选择目标发球区域时，一定要权衡好风险与回报。

同时，保持球的飞行弧度越平越好。若球的飞行轨迹过高或者弧度过大，则会给对方的接发球队员留出更多的时间跑向来球，做好接发球的准备。而若球的飞行弧度很平，便会减少接发球者的准备时间，使其容易失去平衡。

对于接发球者来说，比起从视野中穿过的球，直直地朝自己飞来的球更难追踪。直接朝着对手肩膀方向的发球对于接发球来说很有挑战。如果你发现对方球员在等待接发球时更靠近3米线而非端线，那么，最好能够在他们的肩膀方向，朝后场发出一个快速的平球，迫使他们转身去接球。

精确发球

保证发球不要出界是很重要的一件事，同时，能够朝球场上的指定位置发球也难能可贵。若球员可以准确地朝场上指定区域发球，则可以通过朝不擅长接发球的对手发球，让厉害的攻手在进攻前受到接发球的干扰，或单纯地让对方球员接近攻手，从而妨碍其发挥，通过这种方法来使自己的队伍取得优势。

发球区域的划分同发球次序一样。区域1为对方球场的右后方，区域6为中后方，区域5为左后方（如图1.5所示）。教练或队员可以用手势比划出数字，通过数字对应的目标区域来向发球队员传递信息。其中，区域6一般用拳头表示。

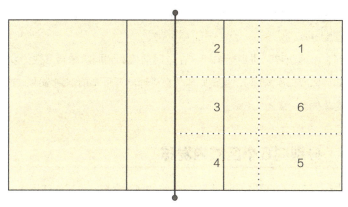

图1.5　发球区域

发短球

一般情况下，若对方队伍将前排队员后撤，进入接发球模式，使场上出现一定的空当，或者想令接发球队员进行快攻，则会选择发短球。在发短球时，一般使用飘发球，且击球时力度稍轻，这样的球能有足够的弧度过网但过网后会因力度不足而很快下落，不会到达球场后方。

风险与回报

虽然你不想把球发得软绵绵的，使对手能够轻松地接发球并组织进攻，但同时也不希望由于发球力度过大，导致无法控球而使发球出界。当遇到以下几种情况，发球时应选择更加保守一些。

- 同队队员已有多次发球失误。
- 发球的前一球十分激烈。
- 本队刚叫过暂停。
- 对方球队已陷入苦斗（他们可能无论如何都无法得分，因此要避免发球失误而给对手白白送分）。

当你的对手凭借前排出色的攻手将要赢得回合时，更赋攻击性的发球比谨慎保守的发球要好。既然他们胜算很大，你不如希望来个发球直接得分。

如何评价发球的好坏

发球直接得分是指在发球后，发球队直接获得1分。即发球直接在界内落地或碰到对方球员后出界。当对方的接发球队员违规触发球（比如发球拦网或持球）或接发球队伍未能正确轮转时，也视为发球直接得分。但是因接发球不佳从而导致二传失误、发球队得分的情况，并不算作发球直接得分。

　　发球未过网、落地出界、碰到标志杆、在过网前接触到同队球员都视为发球失误。发球者违规触球（即持球或二次触球）、重复抛球、在排球离开手掌前踩到端线，或队员未正确轮转，也都视为发球失误。

发球训练1　分别向6个区域内发球

　　将球场分成6个区域（如图1.6所示）。本训练的目标是在不失误的前提下，连续发球并准确地将球分别打到各个区域中。本训练可以单独进行，也可与队友一起。每个区域越靠近边界线的一侧，发球失误的风险越大。没有发球到指定的区域但未出界的球，是没有惩罚的，但若发球出界，则要重新开始。最先将球分别打到全部6个区域的队员（或组合）获胜。

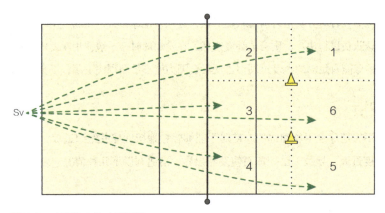

图1.6　本训练中的球场设置

增加难度

● 按顺序将球准确打到指定区域中，保证发球不出界，也不打到非目标区域。若没有成功将球打到目标区域，便重新开始。

降低难度

● 球出界或打到非目标区域时，可继续发球。但要记录下准确地向6个区域都打进一球后，总共的发球数是多少。

成功的关键

- 正对目标区域站立。
- 用手击打球的中心部位。
- 将手掌对准目标方向。

给自己的训练打分

成功向全部6个区域内发球，用时在2分钟内＝10分

成功向全部6个区域内发球，用时2~4分钟＝5分

成功向全部6个区域内发球，用时超过4分钟＝1分

得分 ____

发球训练2　向区域1到5发球

本训练的目标是处在比赛的压力下，仍然能够做到准确发球。由于大多数队伍都将最好的传球队员安排在区域6中，因此我们要尽量避免向区域6发球（使用圆锥体标记物或床单来提示该区域）。开始时，训练目标设定为：向除了区域6之外的区域发球15个。每当有球出界或打进区域6时，则额外增加一个目标球数。发球者按顺序一人一球，营造比赛氛围，增加球员的压力。

增加难度

- 将圆锥体标志物移至更靠近边线的位置，来缩小区域1和区域5的大小。
- 每当发球未发进目标区域时，额外增加两个目标球数量。

降低难度

- 增大区域1和区域5的面积。
- 在连续多次发球成功后，奖励一定加分。

成功的关键

- 正对目标区域站立。
- 不要着急，慢慢来。
- 控制好击球动作。

给自己的训练打分

发球15到20次，完成目标＝10分

发球21到25次，完成目标＝5分

发球超过26次，完成目标＝1分

得分 ____

发球训练3 交替发短球和长球

将圆锥体标记物放置在距离球场端线4米处，使其与3米线一起将球场分成3个区域（如图1.7所示）。然后交替向前后两个区域内发球（即交替发短球和长球），并记录最多连续成功发球的个数。若将发球发至中间区域，记录下发球数然后重新开始。

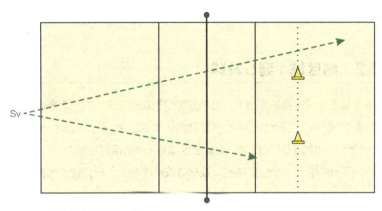

图1.7 本训练中的场地设置

增加难度

- 将目标区域的面积缩小。
- 将短球的区域更靠近球网。
- 向指定的区域交替发短球和长球（例如区域1和区域4）。

降低难度

- 增大目标区域的面积。
- 将短球区域向后移。
- 缩小中间区域的面积，并在发球过线后继续交替发球。
- 记录自己在一定时间内成功完成的发球数量，而非连续的发球数。

成功的关键

- 正对目标区域站立。
- 在发短球和长球时，控制好摆臂的速度。
- 调整手掌击球的位置：发短球时稍靠下，发长球时则要稍高一些。

给自己的训练打分

连续交替发短球和长球7次及以上＝10分

连续交替发短球和长球4到6次＝5分

连续交替发短球和长球3次及以下＝1分

得分＿＿

发球训练4 利用松紧带控制发球高度

取一段松紧带，将其绑在两个标志杆之间，并顺着标志杆移动到最上端。进行发球练习，使球从松紧带下方通过，以此来确保发球的轨迹较低。尝试连续发球低于松紧带6次，若发球高于松紧带2次或发球出界，则重新开始。

增加难度

- 提高目标球数。
- 降低松紧带的高度。
- 在球场后方增加一个目标区域。

降低难度

- 在重新开始前，允许自己多失误一次。即发球超过松紧带3次后，重新开始。
- 提高松紧带的高度。

成功的关键

- 在球的上方击球，以确保球的飞行弧度较平。
- 击球后手掌始终面向目标。

给自己的训练打分

发球成功6次以上＝10分

发球成功3~5次＝5分

发球成功3次以下＝1分

得分＿＿

本章小结

保证发球的有效性是每名球员在最开始就应该掌握的排球技术。如果无法发球过网，则可先使用下手发球来完成发球，但要继续不断地练习上手发球。练习时可通过调整站位，比如更加靠近球网，来降低发球难度，增加自信，提高技巧。随着发球技术的提高，练习向球场的不同位置发球。在不失误的前提下，向球场指定区域发球，能够迫使对方进行防守，增加本队的优势。只有做到稳定地发球，且可以将球准确地发到球场的各个区域后，才能开始进行加快发球速度的训练。

在比赛时，通过对手一传的质量来评价发球的效果。如果对方的一传很到位，那么下一个发球最好发向其他球员或换一种发球方式。若对方的一传不到位，则应继续向同一人发球。但最重要的是，一定要避免发球失误，否则反而给对方球员减轻了压力。

使用前面提到的四项训练来检验自己是否已经准备好进入下一章。四项训练的总分为40分，能够达到70%（即28分）以上，才能证明你的发球技术足够稳定和准确。如果达不到要求，抽时间多多练习，或者适当降低训练的难度。但要记住，每一章的内容都是以前一章为基础的，发球更是排球比赛中每一球的开始。在学习下一章之前，一定要对自己的发球有信心。

发球训练

1. 分别向6个区域内发球　　　　　　　　　　　得分（总分10分）

2. 向区域1到5发球　　　　　　　　　　　　　得分（总分10分）

3. 交替发短球和长球　　　　　　　　　　　　得分（总分10分）

4. 利用松紧带控制发球高度　　　　　　　　　得分（总分10分）

　　总计　　　　　　　　　　　　　　　　　**得分（总分40分）**

一　传

对于接发球队来说，一传是他们组织进攻并在这一球中取得优势的第一次机会。优秀的一传可以使二传手将球传给不同的攻球手并防止对方多名拦网球员防守本方一名攻球手。糟糕的一传则给二传的精确性增加了难度，也限制了本方攻球手的发挥。从而使自己的队伍处于劣势，对方更容易赢得这一分。

如何评价一传是否到位

在学习如何进行一传之前首先要弄清楚什么是到位的一传。虽然不同球队有着不同的一传策略，但是大部分球队对完美的一传都有如下定义：

- 将球传至球网中心偏右3英尺4英寸至6英尺7英寸（即1到2米）的区域中，便于二传手将球传给前排的3名攻手；
- 传球要足够高，二传手可以保持站姿传球；但又不能过高，否则对二传手控球的能力有极大的挑战；
- 将球传至网前6英尺7英寸（即2米）内，为队友组织快攻提供机会。

关于一传是否到位，一般分成4个等级（3分，2分，1分和0分）。3分表示一传十分到位，可以让二传手不费力地将球传给3名攻手中的任意1个，并且离球网的距离够近，能够牵制住对方的拦网人员。2分表示一传良好，但因球太低，位置太靠前或靠后，离球网太近或太远，使二传手只能将球传给某2名攻手。一传若只有1分，说明二传手要自己追上球，且只能艰难地将球传给相对安全的攻手，或者由本队其他队员进行二传。0分的一传指没有队友能打到球或者直接一传过网的情况，从而根本无法进行二传。这套评价体系广泛用于各种排球训练中，并且也是教练们用来说明队伍一传效果的常用方法。

一传的技巧

完美的一传，需要充分的准备。好的准备姿势能让身体迅速地反应并移动到来球的方向。如同许多其他运动技巧一样，越简洁的动作，可重复性越高。如果想做一名稳定的一传手，那么技巧是否简洁、球员是否受过良好的训练至关重要。

在准备接球时，首先要面向来球的方向（例如发球者的方向）。双脚分开，与肩同宽，右脚比左脚稍稍靠前，将重心放在脚前掌处。膝盖弯曲至脚趾上方，稍稍弯腰，使肩膀向前，位于膝盖上方。双臂弯曲，手掌向外（如图2.1所示）。

以下为接发球时的正确准备姿势：

1. 面向来球的方向。
2. 双脚分开至与肩同宽，右脚比左脚稍稍靠前。
3. 将重心放在脚前掌。
4. 膝盖弯曲。
5. 身体前倾，肩膀位于膝盖上方。
6. 两臂弯曲，手掌向外。

图2.1　**接发球准备姿势**

对于排球新手来说，最常见的问题就是他们通常只是站在场上，等着球飞向他们，而不是自己向球的方向移动。实用的步法能够让球员始终面向发球者的方向，保持身体平衡，以确保一传的稳定。由于多数情况下，发球不会在离每个队员都很远的位置落地。因此我们要注意练习使用简洁明了的步法模式。例如跳踏步（如图2.2所示）可以令球员始终面对发球者的方向，并且可以用于接不同方向的来球。

下面来说明一下如何进行跳踏步。首先做好准备姿势。根据来球的方向，用距离球的落地点更近的那只脚向球的方向迈步。然后起跳，双脚同时落地，右脚稍稍向前。然后分别练习第一步朝前、后、左、右四个方向迈步，而后进行的跳踏步。练习时要注意双脚不可交叉。

步法

1. 做好准备姿势。
2. 根据来球的方向，用距离球的落地点更近的那只脚向球的方向迈步。

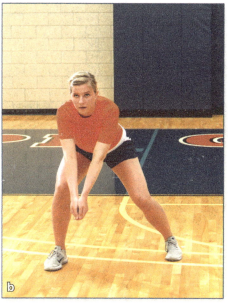

起跳

1. 起跳，而后双脚落地。
2. 右脚要比左脚稍稍靠前。
3. 注意双脚不要交叉。

图2.2 跳踏步

  使用这个步法的目的在于能够使身体正对来球的方向，并在传球前做好相应的准备姿势。

前臂正面传球

　　当你顺利移动到球前，并且击球点的高度位于颈部以下时，可以使用最易控制也最稳定的传球方法：前臂正面传球（如图2.3所示）。通过将两只胳膊并拢，从而形成一个垫击平面来将球反弹至目标区域。这个技术之所以被称为正面传球是因为在击球时，手臂在身体的正前方，以此来提供最大的力量和稳定性，确保球向前反弹。能够稳定地向目标进行一传十分困难，比起蛮力，巧劲儿更加重要。

　　当身体位于来球的后方且击球点较低时，应选择前臂正面传球。以下为传球的要点：首先要叫球，即通过喊"我的"或"我"，来通知队友自己试图接球。朝着来球的方向，将手臂伸直，肘部固定。两手抱拳互握，两拇指平行贴紧。拇指向下，两肘紧靠，在前臂处形成垫击平面用于击球。击球后，将重心从后脚转移到前脚并用肩膀控制住垫击平面的摆动幅度。注意肩膀发力，使垫击平面足够稳固且手臂尽量不要摆动。发球结束后，保持击球动作1秒钟来检查自己的动作是否正确。

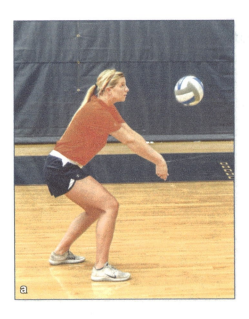

准备

1. 叫球。
2. 将手臂伸直，朝向来球方向。
3. 肘部固定不动。
4. 双手紧握。
5. 拇指朝下。

击球

1. 使用前臂处最大的平面区域击球。

2. 将身体重心从后脚移到前脚。

3. 用肩膀控制住垫击平面的摆动幅度。

随球动作

1. 保持击球动作1秒钟。

2. 恢复成准备姿势。

图2.3　前臂正面传球

　　在所有技巧中，越简洁的动作通常也越稳定。因此，在使用前臂正面传球时，要注意控制垫击平面的摆动幅度，避免两脚交叉并在击球后迅速恢复至准备姿势。

错误

一传过网。

更正

一传过网一般是因为击球时距离球太远并且击球点不够低所导致的。应反复练习，使球能够成功传到目标处。

错误

球员将球传到离网很远的位置。

更正

这种情况一般是因为击球时击球点过低且离球太近。在练习传球时，要注意自己的传球方向，总结经验教训，以此来提高技能。

前臂侧面传球

有些时候，来球飞向体侧，队员来不及移动正对来球，而需要用双臂在体侧进行传球。虽然这项技巧没有正面传球那么稳定，但只要肩膀向前倾斜，使两臂组成的垫击面对准来球，也可以进行准确的传球。肩膀微微耸起，脚步重心转移，就能够将球传向网前。

如图2.4所示，在准备进行前臂侧面传球时，首先尽可能地靠近来球。身体转向来球的方向并将与来球方向相对一侧的肩膀向下倾斜。伸直手臂，与进行前臂正面传球一样，将两手紧靠。两臂插入球下，令垫击面对准来球。肩部发力，增加手臂的触球面积。击球时尽量不要晃动手臂，然后将球传向目标方向。击球后，保持击球姿势1秒钟，肩部不要放松，仍向目标方向倾斜。然后恢复至准备姿势，为下一球做准备。

准备

1. 靠近来球。

2. 身体转向来球方向。

3. 将与来球方向相对一侧的肩膀向下倾斜。

4. 伸直手臂。

5. 握紧双手。

击球

1. 两臂插入球下，使垫击面位于来球后方。

2. 肩部发力。

3. 尽量增加手臂的触球面积。

4. 控制手臂摆动幅度。

5. 将球传向目标。

随球动作

1. 保持击球姿势1秒钟。

2. 肩膀持续发力，并向目标方向倾斜。

3. 恢复至准备姿势。

图2.4 前臂侧面传球

上手传球

　　遇到很深的发球时，球员应当使用跳踏步向后移动（在此过程中始终保持身体面向发球者）并使用前臂的垫击面来传球。实际上，虽然很多比赛规定在一传时，球员不可用手传球，但在某些比赛中（例如高校排球赛），仍然允许一传使用上手传球（如图2.5所示）。上手传球是一项很实用的技术，能够扩大球员的接球范围。在本书的第3章中，会对这项技巧进行更详细的说明（这两种技术在本质上是相同的）。以下是进行上手传球的步骤。

　　首先将双手从身体两侧举起至前额处，肘关节弯曲。而后张开手掌，手心相对，拇指向后指向眼睛。然后屈膝，用四指指尖和拇指击球，击球的同时，向前迈步并伸直双臂和双腿，将球送出。击球后，拇指伸直，伸向球离开的方向，使手掌正对目标。并且在重心位于前脚时，保持身体的伸展。

错误

球员离球太远。手虽然打到球，但力量不足，未能改变其飞行方向。

更正

确保手掌对准来球方向，且位于球的下方。这样传球后队友能够顺利接到球。

准备

1. 双手自然下垂，做好传球准备。
2. 双手举起至前额处，肘关节弯曲。
3. 手掌张开，两手手心相对。
4. 拇指向后指向眼睛。

击球

1. 屈膝。

2. 用四指指尖和拇指击球。

3. 向前迈步的同时伸展双臂和双腿，将球送出。

随球动作

1. 伸直拇指，跟随球的方向。

2. 手掌正对目标。

3. 重心位于前脚，保持身体伸展。

4. 后脚向前迈步。

5. 恢复到准备姿势。

图2.5 上手传球

在大多数的排球规则中，均允许在第一次触球时连续触球，因此上手传球的动作并不要求十分利落。然而，球员不可接住球或将球扔出，否则对方球队得分。

应急传球

现如今，专业球员的跳发球速度能够达到70英里/时（即113千米/时）左右，因此有些时候，球员在接发球时需要鱼跃救球或者使用应急传球。应急传球的主要目的在于将球保持在本方球场，且队友能够接到球，继续比赛。应急传球时，要确保自己击球时的手臂在球的下方足够远处，并将球高高地反弹至空中（如图2.6所示）。适当增加传球的高度能够让队友有更多的时间来接近球，哪怕球飞向球员席，队友也有可能会接住。同时，在击球时应尽量从外侧击球，将球传向球场中央准备着的队友附近。因此，在对手发球很棘手、正常传球失误的风险很高的情况下，可以放弃完美的一传，转而向场中传高球，令队友在二传时能够顺利地将球传给攻手。

准备

1. 快速移向来球。
2. 将手臂垫击面伸向球的方向。
3. 肩膀朝目标处倾斜。

击球

1. 击球时绷紧肩膀。

2. 将垫击面对准来球。

3. 将手臂伸直，向前上方击球，打出高球。

随球动作

1. 保持手臂伸展1秒钟。

2. 恢复至准备姿势。

图2.6　**应急传球**

一传训练1 与队友一起进行不同距离的传球训练

和同伴两人站在球场的一侧，来回传球。训练的方法如下：

- 短距离传球：两人相距5英尺（即1.5米）。传球时注意保持手臂固定，形成垫击平面，并且将手臂伸直正对来球。
- 中等距离传球：两人相距12英尺（即3.6米）。除短距离传球的要点外，传球时还要注意在过程中将身体重心从左脚移到右脚。
- 长距离传球：两人相距20英尺（6.1米）。在前两个训练的基础上，额外注意在重心移动时，双腿有相应的屈伸。

增加难度

- 控制传球的高度，不要超过6英尺（即1.8米）。
- 在保证球不落地的前提下，变换两人之间的距离。
- 仅允许从正面传球。

降低难度

- 在无法控球时直接将球接住，然后重新开始。
- 把球传得高一点，让队友有更多的时间做好接球的准备。

成功的关键

- 击球时要保持双臂紧靠，垫击面固定。
- 朝着来球的方向伸直手臂。
- 将重心从左腿移到右腿。
- 在重心移动的时候，注意双腿的屈伸。

给自己的训练打分

在三种距离下，分别：

连续传球20次以上 =10分

连续传球10到19次 =5分

连续传球低于9次 =1分

得分 ____

一传训练2 自己垫球然后由侧面将球传给队友的训练

双臂夹紧伸直置于来球的正下方,将球垂直垫向空中,同时向侧面移动,使球在下落时位于体侧。而后肩膀放低,将球由侧面传向距离自己20英尺(即6.1米)的队友。

增加难度

- 垫球时,球的高度不可过高。
- 增大与队友的距离。

降低难度

- 垫球时,可将球垫得高一些。
- 将与队友的距离缩短至10英尺(即3米)。

成功的关键

- 在两次击球时,分别将手臂垫击面准确置于来球的下方和后方。
- 肩膀向目标处倾斜。
- 在击球前后,控制手臂摆动的幅度。

给自己的训练打分

连续与队友互相传球10次以上=10分
连续与队友互相传球5到9次=5分
连续与队友互相传球低于4次=1分
得分 ____

一传训练 3　传跑训练（左右移动和前后移动）

首先将球传给队友，当球在空中飞行时，使用跳踏步向右移动（如图2.7所示）。队友将球传回后，再使用跳踏步回到左边，保持接球的位置与先前传球的位置相同。继续传球，但此次移动方向与第一次相反。而后交替进行。要注意确保每次传球的位置都是球场上的同一位置。

重复这项训练，但用前后移动代替左右移动。同样地，每次传球都应在球场上的相同位置。

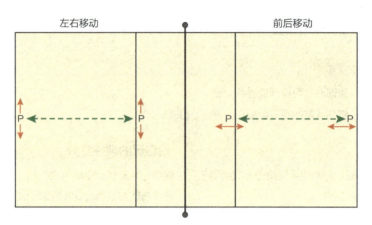

图2.7　传跑训练：左右移动和前后移动

增加难度

- 降低球的高度来加快传球速度。
- 移动时，步子迈得大一点。

降低难度

- 传球时将球传得更高些，给队友提供更长的时间来接球。
- 移动时步子小一点，与球保持较近的距离。

成功的关键

- 在传球和移动过程中保持身体平衡。
- 使用踏跳步。
- 保持垫击面瞄向球。
- 避免手臂摆动。

给自己的训练打分

左右移动

连续与队友互相传球10次=10分

连续与队友互相传球5到9次=5分

连续与队友互相传球4次及以下=1分

得分 ____

给自己的训练打分

前后移动

连续与队友互相传球10次=10分

连续与队友互相传球5到9次=5分

连续与队友互相传球低于4次=1分

得分 ____

一传的位置和高度

根据不同的球队自身特点的不同，对于完美一传的定义也不尽相同。如果某个队伍里的二传手个子比较高且该队想要进行快攻，那么一传应当将球传到离网较近且比网高18英寸（即45.7厘米）处。如果队伍的水平较低，那么一传应当将球传得离球网远些，给二传手留出足够的发挥空间。最佳的一传位置和高度要取决于二传手的位置，比如在前排还是后排，以及二传手是否擅长于进攻（即二传直接扣球）。

一般来说，大多数球队在一传时，会选择将球传到距离球网中间3英尺4英寸至6英尺7英寸（即1到2米）间的区域。在这个位置的球可以让队伍的二传手轻松地将球传给前排的3个攻手。二传时，向网前传球比向后传球更容易。且一传应当与球网相距一定的距离而不能距离球网很近，这样才可以让攻手更好地进行攻击。仔细考虑下面所描述的一传位置会带来的问题：

- 一传时，若球被传到球场左侧，二传手很难将球向后传给位于右侧的攻手，且会影响到二传手的视线，使其无法及时注意到身后位于球场中间的攻手。
- 若球的位置太靠右，那么二传手要迅速跑向右侧，在传球时无法顺利将重心前移，从而使球飞向左侧的标志杆。
- 若球离网太远，二传手则需要将球向网前传，但又要注意控制好距离，否则容易导致球过网而被对手拦网。
- 若球传得离网太近，则会增加二传手触网的可能，因此会限制二传手的动作幅度，在进行二传时，无法充分伸展双臂和双腿，导致击球力量不足。
- 若球传得太低，那么二传手必须使用下手传球，球速变慢，对手能够轻松地预判出本队的进攻方式。
- 若球传得太高，则给了防守队足够的时间准备。同时，过高的一传在下落时由于重力加速度的作用，球速很快，二传手在接球时容易发生二次触球而犯规。这对二传手的手臂力量要求更高。

理想的一传位置应当满足队伍的需要。另外，还有一点也是必须的，即每名队员都应该了解到一传最佳位置在哪，以及什么时候发生改变。因此，接发球队员、二传手和攻手之间的沟通十分重要，这样每个人在关键球之前都能够做好准备。

一传训练4　蝴蝶传球训练

蝴蝶传球训练是有关发球和接发球的训练。因为队员在场上的运动轨迹与蝴蝶图案相似，故此得名。训练中球员需要跟随自己击出的球移动。这是一项全场训练，需要有6名队员参加（两侧球场各3名队员），但最多也可由24名队员同时训练。球场两侧各有1名发球员站在区域1的发球线处，目标球员位于网前，接发球队员位于区域5。两侧的发球员同时向对面球场发球（如图2.8所示），接发球将球传向目标球员，目标球员则在球落地前把球接住。接住球之后，目标球员移动到发球员的位置，作为下一名发球员。上一轮的发球员跟着球移动到对面球场接发球队员的位置，作为下一名接发球队员，刚才的接发球队员则变成目标球员。本训练的目标是在3分钟内进行30次传球。

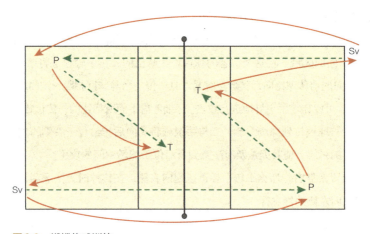

图2.8　蝴蝶传球训练

增加难度

- 发球的高度须低于标志杆的上端。
- 目标球员应在球高于头顶时接球。
- 未被接住的球不能算在完成的次数中。
- 若发球失误，则目标传球数要增加一个。

降低难度

- 取消时间限制。
- 无论质量如何，只要成功传球即算作完成一球。
- 发球失误不予惩罚。

成功的关键

- 在发球前，所有队员做好准备。
- 使用跳踏步来保持身体平衡。
- 传球时将垫击面对准来球的方向。
- 击球时保持动作的稳定，手臂不要摆动。

给自己的训练打分

在3分钟内传球30次以上＝10分

在3分钟内传球15到29次＝5分

在3分钟内传球15次以下＝1分

得分 ＿＿＿

一传训练5　4名队员按指定方法换位接发球

　　这项换位接发球训练要求球员注意力集中，在锻炼技术的同时也要注意到一传队员的职责。3名接发球队员如图2.9所示，分散站在球场的一侧，把场地竖向分成3个部分。队员准备好后，对面球场的发球员发球，训练开始。若靠近场边的队员接发球，则在将球传到目标位置后，跑到端线后方作为替补队员，中间的接发球队员则移动到其位置上进行接替，而后在端线后候补的球员移动到中间位置。若中间的队员接到球，那么两边队员不动，中间的队员直接与候补队员替换。训练持续3分钟。随着发球速度的提高，训练会越来越困难。

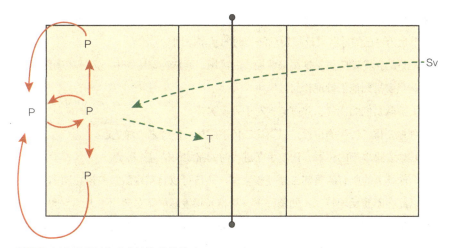

图2.9　4名队员按指定方法换位接发球

增加难度

- 提高发球的速度。
- 缩短发球的时间间隔。
- 连续向同一位置发球。

降低难度

- 发球的弧度高一些。
- 在所有人都准备就位后再发球。

成功的关键

- 接球前叫球，与队友沟通。
- 使用跳踏步，在传球过程中保持身体的平衡。
- 伸直手臂，对准球来的方向，快速插入球下。
- 击球后保持击球动作不变1秒钟。

给自己的训练打分

在3分钟以内，向目标位置传球30次及以上 = 10分

在3分钟以内，向目标位置传球15到29次 = 5分

在3分钟以内，向目标位置传球15次及以下 = 1分

得分 ＿＿＿

接发球阵型

在娱乐性质的排球赛中，接发球对于一个队伍来说可能不是那么重要，但由于接发球的质量是影响队伍取胜的重要因素之一，专业球队自然希望自己队伍的一传能够尽可能地更加有效。以下是为自己的球队设计接发球阵型时的基本原则：

- 把最好的接发球队员安排在来球最多的区域，通常为球场的中心区域或者区域6；
- 将队员安排到他们最擅长的区域中；
- 要发挥队员们的优势，并避免被对手发现劣势；
- 合理地安排二传手的位置，尽量让二传手能离一传过来的球更近；
- 合理地安排攻手的位置，让攻手在进攻时的路线简洁且无障碍。

并不是球场上的所有队员都必须要接发球。队伍可以将某些队员安排在网前或者球场的角落处，以此在不违反轮转规则的前提下，给擅长接发球的队员留出更大的空间和更多的机会。有些队员有传球的天赋，有些则没有。所以没有理由非要将不擅长传球的队员安排在场上的重要区域内。又因为我们无法控制对手发球的方向，因此许多球队选择使用3人接发球阵型从而将球场竖着分成3部分。这样无论对手将球发向何处，都有相应的接发球队员来进

行一传。

3人接发球阵型给队伍提供了机会，能让最好的接发球队员完成大部分的一传。同时，可以避免队员间的距离过大，从而减少场上的空当。此外，3人接发球阵型能够让所有人清楚明了地区分每名队员在场上的职责。由于排球比赛规则的更改，现代排球赛中，允许发球触网，因此许多球队还选择在网前的3米线处安排1名前排队员，来防守短发球。

有的球队则只安排2名球员负责接发球，即2人接发球阵型。2人接发球阵型能够确保本队最好的接发球队员进行第一次触球。但这同时也加大了场上的空当，增加了对方发球直接得分的风险。

在为自己的球队设计接发球阵型时，要考虑到各个因素，以及每种阵型存在的利弊。选择阵型时，要考虑到所有的可能性。同时也要准备备选方案，在先前的阵型不起作用时，及时进行调整。

错误

5名队员均准备接发球，然而其中3名队员明显要比其他2名更擅长接发球。

更正

更专业才更高效。要把队员安排在能为队伍发挥最大贡献的位置上。

传球训练6　发球与接发球替换训练

接发球的稳定性可以通过一传的平均分数体现出来，但就算有较高的平均分，每次传球的好坏也可能会有较大的差异。如果使用前文中所提到的满分4分的评价标准，一名每次一传都能达到2分的队员和一半时候1分一半时候3分的队员，显然是前者更加稳定，也更受教练们的青睐。虽然他们的平均分都是2分，但更高的稳定性能够让二传手和攻手对一传进行预测，为二传和进攻做好充分的准备。

在这个训练中，若队员完成了2分或3分的一传，则该队员得1分。若完成的一传只有1分，那么该队员不得分，但还可以在场上继续接发球。若接发球队员未接到发球，则与发球员互换位置。这项训练最好有一名教练（或者指定的裁判）来给一传打分，并指导动作（若没有教练或裁判，也可以进行训练）。根据以上规定，队员们不断接发球，以及替换位置。首先获得5分的队员获胜。一定要注意，就算能够完成3分的一传，但在这个训练中也只能得到1分。因此稳定的发挥更加重要。

增加难度

- 减少场上接发球的队员数量。

- 对于接发球质量的评价更加严格。

降低难度

- 增加场上接发球的队员数量。

- 若队员完成2分的一传，得2分；完成3分的一传，得3分。

成功的关键

- 发球要具有进攻性，以此来赢得接发球的机会。

- 将垫击面对准来球，手臂迅速插入球下，确保接发球的质量，获得分数。

- 合理地利用腿部力量将球传向目标方向。

- 击球后保持击球姿势1秒钟。

给自己的训练打分

在5分钟内完成10次以上2分或3分的一传=10分

在5分钟内完成5到9次2分或3分的一传=5分

在5分钟内完成5次以下2分或3分的一传=1分

得分 ____

传球训练7　轮转的同时准备好接发球阵型的训练

　　本训练帮助队员更好地适应一边进行轮转一边准备好接发球的阵型。每队6名球员分别位于球网两侧。每队指定一名队员为二传。训练的指挥或裁判规定二传手应在的区域序号并喊出，其他队员则按照发球次序分别移动到自己的位置。然后，再指定3名接发球队员。让队员在正确轮转的前提下，组成适当的接发球阵型。最先完成阵型的队伍得1分。而后指挥或裁判喊出下一轮二传手的位置，重复进行，直到全部6个区域都训练过。若两队平分，则按照最后一轮的位置变换一个替换的阵型，更快的队伍获得本训练的胜利。

增加难度

- 规定轮转次序时，不要连续轮转，而是要隔两个位置以上（例如按照3，6，2，5的顺序）。

- 要求队员必须直接跑到相应区域而不可在场上轮转到正确的位置。

- 站好位置后，进行一回合比赛。

降低难度

- 按次序依次规定轮转次序（例如按照1，2，3的顺序）。
- 允许队员轮转至其位置。

成功的关键

- 记得自己对面的队员（与自己相隔3个位置）。
- 记得自己的左右两侧的队员。

给自己的训练打分

在没有失误的情况下重复10次训练=10分

在没有失误的情况下重复5到9次训练=5分

在没有失误的情况下只完成5次以下的训练=1分

得分 ____

组织防守

　　排球之所以能够在全世界那么多的运动中脱颖而出，成为国际五大运动之一，有很大的原因是因为其独特的位置轮转概念。美国传奇排球教练和前明尼苏达大学排球队主教练迈克·赫伯特曾提出过一个问题："如果排球比赛中，所有队员在每一局也要轮转位置，每个人都要按顺序来投球、接球，且球员的位置也要在内场和外场间轮换，会怎么样呢？"虽然轮转是排球所特有的规则，但不可否认，轮转规则增加了排球的挑战性。在保证轮转正确的前提下，一支球队不仅要尽量将最好的接发球队员置于本队的接发球阵型中，同时也要在攻手不在前排时，组织好进攻。举个例子来说，左侧攻手（主攻）因轮转次序，而位于球场的右前方时，只能选择让左侧攻手（主攻）在右标志杆附近进攻，或让所有队员都适当向左移动，在保证轮转正确的前提下，令主攻手尽量靠近其最擅长的区域。当然，在发球后，所有队员可以任意移动（攻手只能在前排移动），但有时也可让攻手们移动到网前的其他区域，以此来迷惑对手，令防守队放松警惕，给本队创造机会。

　　若安排发生冲突，应将本队的二传手安排在更靠近一传的目标区域，适当放弃攻手的位置优势。如果本队的二传手移动不够迅速，那么将其安排在靠近目标的位置能够帮助二传手更好地传球，也增加了球队赢得该回合的机会。

　　在安排接发球阵型时，尽量将本队最好的攻手安排在与对方最薄弱的拦网球员相对的位置上。这样一来，在比赛时就无须再变换位置，即可获得优势。

　　当将一名攻手后移进入接发球阵型时，要确保该队员的首要任务是接发球。许多攻手在接发球后会急于进攻。但如果一传不够到位，会影响到二传的质量。因此，一定要足够重视一传的重要性，才能令自己、二传手以及整个队伍有更大的机会取得胜利。

错误

过于关注第3次击球，而忽视了一传和二传的问题。

更正

队伍的3次击球都要关注。在安排球队阵型时，要先思考如何提高一传的质量，然后再考虑二传，最后才是攻手的位置以及他们的进攻方法对获胜的影响。

传球训练8 混战训练

这是一个考察队员发球和接发球的混战训练。两队共6名队员，分别站在球场两侧。其中一队为发球队，另一队为接发球队。接发球的质量决定了该队是否得分。若接发球队伍的一传到位，为2分或3分的一传，且赢得了这一回合，则该队得一分。若没有赢得本回合，则不得分。如果一传达到2分或3分，但输掉了这一回合，那么发球队得1分。每回合赢的队伍可以指定下一回合发球的队伍。其中一队获得5分之后，则球员重新组队进行训练。

增加难度

- 提高对2分一传的评判标准。
- 发球失误时没有处罚。
- 规定传球的高度上限和下限。

降低难度

- 发球失误时有处罚，以此来使发球队发球时更加保守。

成功的关键

- 传球时心态放松，不要紧张。
- 追求稳定性。
- 发球时进攻性要强，以此来迫使对方处于防守状态。

给自己的训练打分

本队赢得训练=10分

其他队伍赢得训练=5分

得分 ____

本章小结

能否准确地接发球，对于能否赢得比赛来说，至关重要。擅长接发球的球员应当利用高效的步法来接近球，同时保持身体的平衡并调整好自身的方向。击球时，动作要小，快速改变球的方向，将球传到目标区域。此外，在击球后短暂地保持击球姿势，使动作更加简洁，也方便球员来评判自己刚才的动作是否标准，并在之后进行适当的调整，提高对球的控制。即使在紧急情况下，一名专业的接发球队员也会使用有效的步法，保持好平衡，简洁明了地将球救起，而不会一传过网。

随着对于接发球的技巧掌握得越来越熟练，球员需要了解在不同情况下对不同接发球技术的选择。例如在什么情况下使用前臂传球或上手传球，什么情况下应该将球向右传至二传手前方，或者传高球使球远离球网。无论在何种情况之下，只要能帮助球队维持既定的阵型和策略，就增加了队伍进攻的可能性，为取得胜利做出了贡献。

在进入下一章"二传"之前，要确保自己已经充分掌握了本章所介绍的传球技巧。在前面的传球训练中，如果能够达到60分以上，说明已经可以进行下一章的学习了。但如果分数不足60分，那就找出自己的不足，重新学习有关知识，并再次进行训练。若始终无法达到标准，可以选择对训练进行一些改变来降低难度。

一传训练

1. 与队友一起进行不同距离的传球练习	得分（总分10分）
2. 自己垫球然后由侧面将球传给队友的练习	得分（总分10分）
3. 传跑练习（左右移动和前后移动）	得分（总分20分）
4. 蝴蝶传球训练	得分（总分10分）
5. 4名队员按指定方法换位接发球	得分（总分10分）
6. 发球与接发球替换训练	得分（总分10分）
7. 轮转的同时准备好接发球阵型的训练	得分（总分10分）
8. 混战训练	得分（总分10分）
总计	**得分（总分90分）**

二　传

在排球比赛中，娱乐赛和专业比赛的最大区别就在于球队中是否有指定的二传手。一般情况下和家人一起打排球时，都是离球最近的球员来负责二传。但在专业比赛中，每个队伍都有固定的二传手。二传手的表现对于比赛方案的执行至关重要，会直接影响球队的输赢。一个高水平的二传手能弥补一传的劣势，给攻手提供良好的进攻机会来赢得这一回合。可以说，二传手就是排球场上的四分卫，同橄榄球中的四分卫相似，二传手能够决定将球传给哪一名攻手，并提供进攻得分的机会。虽然二传手可能不会获得媒体过多的关注，但他们通常是一个球队中水平最高的球员，在每一回合中都起着重要的作用。在本章中，我们会讨论二传手使用的技巧和策略，这些技巧和策略能够提供有效的进攻机会，从而帮助自己的队伍取得胜利。

最佳的二传位置

作为二传手，应注意以下几个方面：

1. 距离；

2. 深度；

3. 高度；

4. 速度。

二传的距离决定了攻手可以选择的进攻方式，二传的目标位置可以让攻手选择多种进攻方式，例如直线球、斜线球、慢速球（比如抹球）等。二传传球与球网间的距离（即球的深度）决定了攻手在网前可选择的击球角度。球离球网较近时，攻手可以在球的上方击球，使球的飞行轨迹显得更陡。如果二传球离网比较远，那么攻手击球时轨迹必须要更平更深。

如果二传传球离网过近，则会容易过网而被对方拦网得分。因此，二传最好能够将球传到离球网2至5英尺（即0.6米至1.5米）间的区域，防止攻手的攻击被对方早已准备好的拦网球员所拦截。二传要注意把握球的轨迹和速度,给攻手提供恰当的节奏和时机。二传传球的高度不能太低,速度不能过快,要让攻手有足够的助跑,并且能在二传不够完美时及时做出正确的调整。然而二传也不能太高太慢,这样会给对方充足的时间组织防守,准备拦网和垫球。如何平衡好速度和效果之间的关系,是一支球队在整个赛季中需要花费很长时间来掌握的重点。

基础二传技巧

传球时,正确的步法是影响二传有效性的重要因素(如图3.1所示)。二传手在接近球的同时需要保持自身的平衡,令双手平稳流畅地击球。根据裁判的规则,球员在二传时,双手必须十分协调,否则二传手在击球时无法正对目标、保持平衡,很可能会因为二次触球而被判违规。此处提到的移动原则能够帮助你做好准备,平稳地传球,避免二次触球,且能够增强二传的效果,同时迷惑对方,防止其猜测到本队的进攻意图。

在对方发球后,或者在已知自己不需要接发球时,运用小步迅速跑到目标位置等待来球。在移动时,要保持眼睛和肩膀面向球场,运用小步移动而不是大步跑动,能够帮助队员在需要时迅速地调整自身的方向。

当自己做好准备,抬头站直后,将双肘弯曲自然抬起,双手置于额前。拇指向后朝向眼睛,手掌放松,可以在球飞向自己时,准备用手包住球。双脚错开,右脚在前,无论向前或向后传球,右脚脚尖始终要朝向左侧的标志杆。当球触及双手时,十只手指同时触球,而后肘关节伸直,拇指前压,将球送出,传至目标位置。

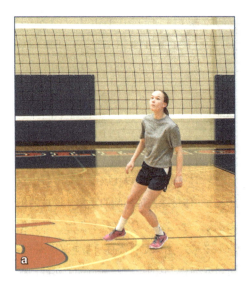

准备

1. 运用小步迅速移动到目标位置,并根据需要调整自身的方向。
2. 等球。
3. 目视来球,将肩膀对准来球方向。
4. 右脚置于左脚前方。
5. 右脚脚尖朝向左侧标志杆方向。

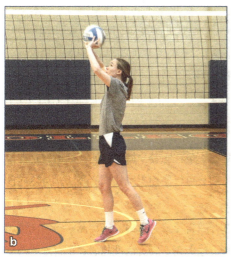

击球

1. 双手举起至额前，肘关节弯曲。

2. 拇指朝后，指向眼睛。

3. 双手放松。

4. 球来时，用手掌包住球。

5. 十指都要触球。

6. 伸展手臂，拇指前压，将球传到目标位置。

7. 击球时，将重心从后脚移到前脚。

8. 保持平衡。

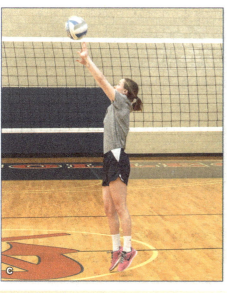

随球动作

1. 手臂伸直，面向目标。

2. 手型从球型伸直成掌。

3. 短暂地保持伸展并集中注意力。

4. 放松身体。

5. 两手自然下落至身体两侧。

图3.1 **基础二传**

    二传与一传的传球技巧和策略非常相似，要想达到稳定性，适用的规则也是相同的，即动作越简单越好。新手球员经常有浮夸的随球动作，包括将手伸出，或胡乱地挥舞手臂，这些大幅度动作增加了二次触球的可能性。因此，传球时一定要注意自己的动作应该简洁且迅速。

错误

传球后仍盯着球。

更正

传球结束后，要移动补位，接替攻手的位置。注意自己的传球以及攻手的进攻。做好防守的准备，身体下蹲，伸出双手，眼睛注意对方的拦网队员。通常情况下，二传手的位置最适合防守对方的拦网。

上手传球

传球的技巧并不是只有二传手才能运用的，其他队员在比赛中同样也能够运用到这些技巧。当背传或迷惑对方拦网球员不是最佳选择时，那么可以使用上手传球的方法，身体向前倾斜，使球在略低于前额处被传出（如图3.2所示）。

进行上手传球时，首先移动到正确的位置，做好准备姿势，正面迎向来球。两脚交错站立，右脚比左脚稍稍靠前，将身体的重心放在左脚上，保持双脚、髋部和肩膀正对来球的方向。准备击球时，将双手抬起至头顶，拇指向后指向额头。击球时，双手伸入球的后方，使球与指尖的接触面积最大，同时伸直肘关节和膝盖，拇指前压将球送出，手掌面对目标。击球后，保持身体平衡，重心转移至右脚，然后恢复成准备姿势，准备下一次击球。

上手传球的优势在于，能够在球的轨迹较低的前提下，迅速将球传出。前臂传球要求球的轨迹弧度足够高，但上手传球对此并无要求。

在美国的一些地区和一些竞技比赛中，对于使用上手传球时容易出现的二次触球犯规比较敏感。因此，在比赛中如果出现风险较大的情况，最好选择使用前臂传球来避免犯规。如果在比赛中被判二次触球犯规，则应该及时了解比赛的规则，并做出相应的调整。

准备

1. 移动到传球的位置，对准来球的方向。
2. 双脚交错，把身体重心放在左脚上，右脚稍稍上前半步。
3. 保持双脚、髋部和肩膀正对来球。
4. 拇指向下指向地面。

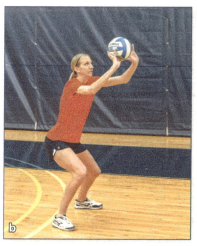

击球

1. 将手臂伸入球后。

2. 增加排球与指尖的接触面积。

3. 伸直肘关节和膝盖。

随球动作

1. 保持身体平衡，将重心放在右脚上。

2. 恢复到准备姿势，做好下次击球的准备。

图3.2 **上手传球**

错误

在进行传球时才移动到目标位置。

更正

预测球的方向，提前移动到目标位置，做好二传的准备。膝盖弯曲，正对目标，同时要用余光注意球网另一侧对方的行动，并据此调整自己的策略。

二传训练1 与队友一起进行不同距离的二传训练

本训练与第2章中的与队友一起进行不同距离的传球训练十分相似。在与队友相距5英尺（即1.5米）远处，做好传球的准备，手臂伸直，双手举过头顶，然后传球给你的队友20次。接着向后移动7英尺（即2.1米），此时与你的队友相距12英尺（即3.6米），动作上则增加肘关节的屈伸，再传20次球。而后移动至与队友相距20英尺（即6.1米）处，并在动作中加入腿部的伸展，完成整个技巧的训练。

增加难度

- 控制传球的高度，最高不超过6英尺（即1.8米）。
- 与队友的最短距离增加至20英尺（即6.1米）。
- 在球不落地的前提下，改变自己的位置。

降低难度

- 在球失去控制时，可以直接接住球，而后重新开始。
- 传球时，球的高度可以为10到12英尺（即3到3.6米），以便给队友更多的时间做好准备。

成功的关键

- 身体重心始终保持在左脚上。
- 击球时拇指向后。
- 击球后，手掌张开，正对目标。
- 结束后将重心移到右脚。

给自己的训练打分

在与队友相距20英尺（即6.1米）处：
连续传球15至20次=10分
连续传球10至14次=5分
连续传球9次及以下=1分
得分 ____

二传训练2 四角传球训练

4名队员散开，分别站在一侧球场的4个角上（分别位于端线和3米线的两端）。每位队员面向自己左侧的队员站立，然后将球沿直线传给右侧的队员，使球围绕球场逆时针传动（如图3.3所示）。队员在传球后，要跟随自己的传球移动到自己右侧的位置（即传球的目标位置），然后继续同样的训练。当队员能够熟练地保持球在场中传动而不失误时，在斜对角的队员处增加一个球，进行相同的训练。最后尝试一下能否同时保持4个球在场上传动。

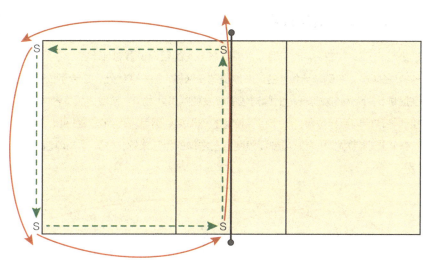

图3.3 四角传球训练

增加难度

- 增加场上同时传的球的数量。

- 注意同时传球的高度，尽量保持一致。

- 允许球员使用前臂传球，以确保球不落地。

降低难度

- 如果球失去控制，可以用手接住排球，然后重新开始训练。

- 将球传得高一些（大概3至3.6米），以便给队友更多的时间做好准备。

成功的关键

- 保持自身的重心在左脚上。

- 正对目标。

- 击球时保持拇指朝后。

- 击球后手掌伸直。

- 传球结束后，将重心转移到右脚上。

给自己的训练打分

在球不落地的前提下：

连续传球20次及以上=10分

连续传球10至19次=5分

连续传球9次及以下=1分

得分 ____

二传训练3　二传蝴蝶训练

本训练与第2章中的蝴蝶训练相似，但要在原先的目标位置增加1名二传手（如图3.4所示），一共8名队员，两侧球场各4名。发球员站在区域1的发球线处，二传手位于网前，接发球队员在区域5。两边的发球员同时朝对场的接发球队员处发球，接发球队员将球传给二传手，二传手接着将球传向目标位置。位于目标位置的球员接到球后，跑到发球线处，成为下一轮的发球员。在蝴蝶训练中，所有队员都要跟随自己击球的目标来轮转位置。本训练的目标是完成传球30次。

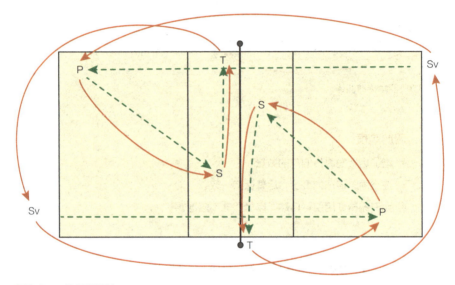

图3.4　二传蝴蝶训练

增加难度

- 加快发球的速度，从而加快训练的节奏。
- 提高二传合格的标准。
- 要求二传手进行背传，将球传向右侧标志杆处。

降低难度

- 放慢训练的节奏，在发球员发球前，先确认所有人都已准备就绪。
- 增大目标位置的面积，降低二传的难度。

成功的关键

- 在进行二传时，保持身体面向左侧标志杆。
- 将身体重心放在前脚上，保持平衡。
- 跟随自己的传球，移动到相应的接替位置。

给自己的训练打分

在3分钟内完成传球25次及以上=10分

在3分钟内完成传球10至24次=5分

在3分钟内完成传球9次及以下=1分

得分 ____

二传策略

能否准确地将球传给场上所有的攻手，是二传手的能力和传球质量的评价标准。作为完美的二传，二传手应能够准确地把球传给位于前排或后排的攻手。以下内容能够帮助你学习，如何将球传给可实施进攻的攻手，为他们提供进攻的机会。

向左侧标志杆方向传球

在排球比赛中，最常见的二传就是向左侧标志杆方向传球（如图3.5所示）。一般情况下，在进行这种传球时，二传手需具有良好的视野，能够看清所有攻手的位置，并向前传球。同时攻手也有足够的时间调整自己接近球的路线，以便让自己可以使出全力来击球，进行攻击。

图3.5　向左侧标志杆方向传球

当朝向左侧标志杆方向进行二传时，要注意击球点应在前额上方。如果想让球的轨迹更高，则于球的下部击球，并向上伸展身体，将球送出。如果想要球的轨迹较平，则于球的后部击球，向前伸展肢体。球的飞行轨迹最高点越高，留给攻手的时间也越充足，但同时也给了对方更多的时间来组织防守，准备进行拦网。球的飞行轨迹如果较平，则球速变快，能够在对方的防守阵型未准备好时进攻，使本队攻手获得优势，避免本队的进攻被对方的拦网球员拦回。然而，速度较快的二传要求攻手和二传手之间有着极为默契的配合，且速度过快很可能导致二传不到位，从而增加进攻的难度。

向右侧标志杆方向传球

二传时，如果需要向后传球，将球传向右侧标志杆方向（如图3.6所示），则应注意：准备传球时，始终要保持身体正对着左侧标志杆方向。二传手在每次进行传球时，都应正对左侧标志杆，才不会将自己的传球意图被对方轻易察觉。与向前传球一样，背传时也需将双手举过头顶，但是身体要稍微放低，使自己能够在球的下方击球。击球时，自身的重心前移，然后向上伸直手臂，向后摆动，使球在脑后离手，传向自己的后方。如果一传的位置离球网较远，二传手在准备进行传球时，也要始终面对左侧标志杆方向。在击球后，将球从自己的的右肩上方传向球网的右侧。

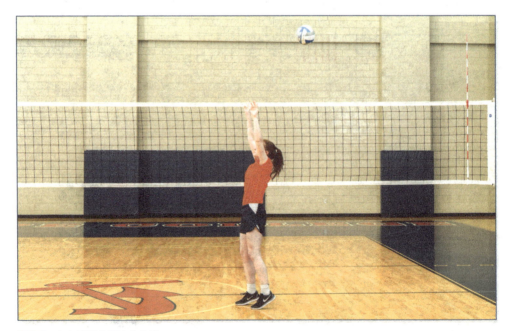

图3.6 向右侧标志杆方向传球

向球网中间处传球

如同背传一样，对于向中间传球来说，传球前的准备姿势同其他传球方式相同。而不同之处则在于击球时的击球点，双腿的速度和肘关节的伸展程度上。由于不需要将球传得很远，因此在击球时，应在球的下方触球，且双腿和双臂不需要完全伸直（如图3.7所示）。传快球的困难之处在于对节奏的把握。大多数的中间攻击，二传都是十分迅速的，球的飞行轨迹的最高点要低于标志杆的高度，球离开手时的速度决定了二传的速度。

图3.7 向球网中间处传球

向后排传球

近年来，后排攻击也成为了一种主要进攻方式。如果一传到位，那么后排进攻给二传手增加了一名可选择的攻手，这时对方也需要注意多防守一名队员。如果一传不到位，那么后排攻击则提供了一个保障，可以降低二传的难度，并且使对方不易拦网。由于规则规定，后排攻手在进攻时只能在3米线后方起跳，因此二传要引导攻手在进攻过程中越过进攻线，使攻手能够在击球后，于前场区域落地（如图3.8所示）。由于在准备传球时需保持自身正对左侧标志杆方向，因此传球时必须将球从左肩上方正确地向后传至离球网8到9英尺（即2.4到2.7米）的位置上。

图3.8　向后排传球

非二传手队员进行二传

在比赛中，每一次二传都应尽量由队伍指定的二传手来进行。但有时因为一传不到位，或二传手进行了一传，导致二传手无法正常传球时，则需要由其他队员完成二传。在这种情况下，队员通常应选择最保险的方式进行传球，即膝盖弯曲，根据球的飞行路线，快速移动到球的下方，身体面向球场另一侧的标志杆（如果队员位于球场左侧，则面向右侧标志杆方向，反之亦然）。传球时，球的轨迹要高，目标位置为距离球网和边线均5英尺（即1.5米）左右处（如图3.9所示）。这样的二传位置能够降低失误的风险，同时使攻手有足够的准备时间和空间来全力进攻。

图3.9 非二传手队员进行二传

跳传

在能够熟练掌握以上几种二传技能后，可以试着跳起来传球（如图3.10所示）。在接近球时所使用的步法与之前的几种二传相似，但不同之处在于，将重心移到前脚，双脚起跳，在空中击球。跳起的动作能够提供足够的冲力，使球飞向标志杆方向。用跳传的方法传球，能够令二传手将球击得更高，同时飞行轨迹也较平，速度更快，有利于加快进攻的节奏。

图3.10　跳传

杰出的二传手能够通过观察场上队员的位置和行动做出正确判断，从而进行有效的二传。虽然他们关注的重点在于球，但是二传手能用余光注意到场上的各种情况，例如正接近自己的攻手的速度，本队快攻手的手臂位置，对方的中间拦网球员是否已经做好准备盯防某个攻手，或者对方拦网球员是否已经准备好队形来防守某种特定的攻击。如果二传手发现攻手起步已晚，那么可以增加二传的高度，来给攻手足够的时间完成助跑。如果二传手发现对方的中间拦网队员在传球前便移动到左侧，试图防守左侧攻手（主攻），那么可以将球背传至右侧攻手（接应）处，使其面对对方的单人拦网进行攻击，增加本队的优势。只要二传手准确地判断出一传的位置，便可通过余光观察场上情况，采取正确的行动，给攻手提供合适的进攻机会。

二传策略训练1　定点传球训练

教练站在球场后方，进行训练的二传手则位于网前中间偏右的位置上。教练将球抛向二传手，二传手根据来球的方向，分别将球传到3个不同的目标区域（即左前方、中间和右前方；如图3.11所示）。传球完成后，二传手应迅速做好防守准备。二传手需要特别注意传球不要离球网过近或过远，然后回到最初的准备位置，进行下一个传球。本训练一共要进行20次传球练习。

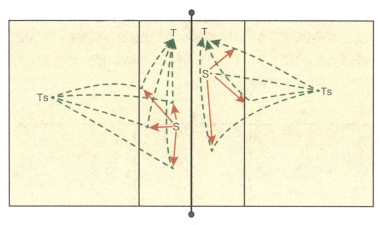

图3.11 定点传球训练

增加难度

- 不仅要求二传手在传球时要将球传至目标区域，同时在网前放置一个标志杆，指定排球的飞行弧度（即排球在飞行时所达到的最高点应与标志杆的顶部一样高）。
- 要求二传手在每次传球前，都从后排跑到传球位置。
- 要求二传手在每次传球前，都从右前方的拦网位置跑到传球位置。
- 教练向二传手抛球时，故意将球抛到离球网过近、过远等较棘手的位置。
- 连续进行多次完美的传球（例如5次）。

降低难度

- 增加目标区域的面积。
- 每次抛球都抛向二传手的位置。

成功的关键

- 朝向来球。
- 击球时拇指朝后。
- 击球后保持手掌伸直。
- 传球后，保持身体平衡，将重心放在右脚上，身体面向左侧标志杆。

给自己的训练打分

在20次传球中：

将球成功传到目标区域16次及以上=10分

将球成功传到目标区域10到15次=5分

将球成功传到目标区域9次及以下=1分

得分 ____

二传策略训练 2 　反向传球训练

在球场两侧的标志杆处分别设置两个目标区域（如图3.12所示）。在球场后方，一名负责抛球的队员将球抛向位于网前中间偏右的二传手的前方或后方。如果球抛至二传手的前方，则二传手需将球背传至右侧的目标区域处；如果球抛至二传手后方，则二传手需将球向前传至左侧的目标区域处。本训练要求二传手根据来球的方向，选择合适的传球策略。同时，无论二传的方向是朝前还是朝后，都要将身体重心放在前脚上。传球结束后，二传手恢复到初始位置，然后继续进行训练。本训练一共要重复10次传球。

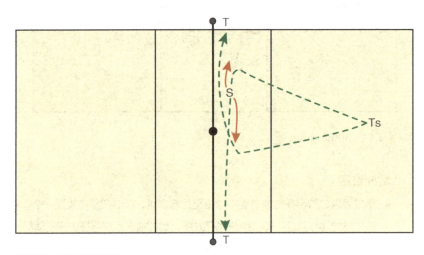

图3.12　反向传球训练

增加难度

- 减小目标区域的面积。
- 令一名攻手将球击出至二传手的位置进行训练，而非将球抛给队员。

降低难度

- 负责抛球的队员提前告知二传手球会抛向前方还是后方。
- 负责抛球的队员将球抛高一些，以便给二传手提供更多的准备时间。

成功的关键

- 保持身体平衡，将身体的重心放在前脚上。
- 练习正确的二传技巧。

给自己的训练打分

每次成功传球后，得1分（共进行10次传球）。

得分 ____

二传策略训练3　向对方中间拦网队员的反向传球训练

排球比赛中的每一回合，都包含许多细节。其中一个细节便是二传手和对方中间拦网队员之间的比试。在本训练中，二传手的目标便是在传球时注意观察对方中间拦网队员的行动，将球传向其移动方向的反向。由一名队员负责将球抛向指定的一传位置，在二传手击球前，场地另一侧网前的中间拦网球员随机向左或向右移动。二传手在关注来球的同时，利用余光观察拦网队员的行动，并将球传至相反方向。本训练也可用于训练拦网：拦网队员对二传手的行为进行预判，并移动到其传球的方向。

增加难度

- 中间拦网队员略晚一点再移动（或更接近二传手击球的时间再移动）。
- 抛球队员将球抛到离球网稍远的地方，使二传手不易观察到拦网队员的动作。
- 拦网队员故意向易于传球的方向移动，迫使二传手向棘手的方向传球。

降低难度

- 抛球的队员将球直接抛向二传手。
- 中间拦网队员在球靠近二传手之前便向两侧移动。
- 中间拦网队员向难于传球的方向移动，使二传手能够向易于传球的方向传球。

成功的关键

- 使用余光提前观察中间拦网队员的行动。
- 每次传球时，均保持身体面向左侧标志杆。
- 保持击球点的稳定。

给自己的训练打分

向正确的方向成功传球8次及以上=10分

向正确的方向成功传球5至7次=5分

向正确的方向成功传球5次以下=1分

得分 ____

本章小结

想要成为球队的二传手，不仅需要掌握二传的技巧，同时也要有策略意识，提高自己的二传能力。二传手尤其需要注意在每次传球时面向左侧标志杆；保持拇指指向后方，直到手掌前推，肘关节伸直；击球后手掌应伸直，且保持重心位于右脚上。遵循这些重点进行练习，能够提高传球的稳定性和准确性。同样，也会增加队友进攻的有效性，自己也能够将球准确地传给位于场上不同位置的3名攻手。

关于传球给攻手时的球速问题，要尽量达到一个平衡点。即球既不应太慢，以至于令对方有充足的时间来组织防守；也不应太快，让本队的攻手因时间太紧而无法使出全力扣球。传球时，要考虑到以上所有因素，才能更有效地帮助自己的队伍取得胜利。

优秀的二传是成功进攻的基础。二传手肩负着重要的责任，有义务将球准确且稳定地传给攻手。认真练习本章所介绍的技巧和训练。如果能够在训练中得到40分以上，则可以继续下一章的学习。如果在训练中无法达到40分，再次进行训练，尤其是集中练习自己不擅长的部分，或者试着降低训练的难度来提高自己的分数以及自信心。

二传训练

1. 与队友一起进行不同距离的二传训练　　　　　　　得分（总分10分）

2. 四角传球训练　　　　　　　　　　　　　　　　　得分（总分10分）

3. 二传蝴蝶训练　　　　　　　　　　　　　　　　　得分（总分10分）

二传策略训练

1. 定点传球训练　　　　　　　　　　　　　　　　　得分（总分10分）

2. 反向传球训练　　　　　　　　　　　　　　　　　得分（总分10分）

3. 向对方中间拦网队员的反向传球训练　　　　　　　得分（总分10分）

   总计　　　　　　　　　　　　　　　　　　　　**得分（总分60分）**

进　攻

发球、接发球和二传的技巧在很大程度上都与比赛策略有关。虽然一些进攻同样也需要策略，但是作为第三次击球，力量开始变得更加重要。每次进攻，攻手的目标都是进攻得分，即球过网后直接落地，或者对方无法再将球击回。然而，除了扣球直接得分以外，如果能够迫使对方接球困难，从而导致传球失误，也能让本队更有可能赢得这一回合。因此，在不同的情况下，可选择的进攻方式也有很多种。本章将介绍多种不同的进攻技巧，以便应对比赛场上的各种情况。

进攻技巧

如果用最简单的方式来描述排球中的进攻，那么可以分为以下3个步骤：

1. 接近来球；

2. 起跳；

3. 空中击球。

虽然这3个步骤听起来十分简单，但是想要以最大的力量击中正在空中移动的排球十分不易。本章中所讨论的技巧能够帮助你稳定且有力地进行进攻，同时也会介绍一些用于得分的进攻策略。

助跑

在一传、二传进行传球时，攻手朝球的方向移动的方法十分关键。助跑能够使身体获得水平速度，以增加弹跳的高度，使身体产生扭矩，从而在击球时跳得足够高。

四步法助跑是攻手接近来球便于进攻的最佳方法。以下步骤介绍了惯用右手的攻手如何使用四步法助跑；惯用左手的攻手则应使用相反的步法。

　　攻手站在3米线的后方，身体面对球网，做好助跑的准备。首先将身体重心放在左脚上，脚尖与目标击球方向成45度角；右脚朝球网的方向迈一小步，同时身体向前倾斜，膝盖微微弯曲（如图4.1a所示）。而后，左脚向前迈出一大步，并弯腰屈膝，将身体的重心降低（如图4.1b所示）；双臂放松，放在身体两侧。左脚落地后，右脚伸向前方，再次跨出一大步（如图4.1c所示）；右脚落地后，保持脚与球网平行，脚尖指向球场外侧；在跨出第三步的同时，向后摆动双臂和双手，肩膀前倾。转动身体，左脚顺势向前，落地时与右脚平行，两脚分开，与肩同宽（如图4.1d所示）；最后将两臂举起至头上，借助助跑使身体产生的水平冲力，朝球的方向起跳。

第一步

1. 站在3米线后。
2. 面对球网。
3. 将重心放在左脚上。
4. 预测来球的方向，使自己与目标位置成45度角站立。
5. 右脚向前迈一小步，同时将身体向前倾斜。

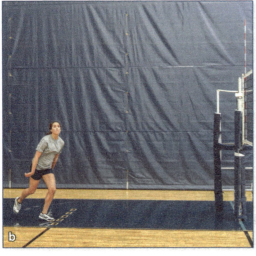

第二步

1. 左脚迈出一大步。
2. 弯腰屈膝。
3. 双手放松，置于身体两侧。

第三步

1. 左脚落地后，右脚再次跨出一大步。
2. 右脚落地时，使其与球网平行，脚尖指向球场外侧。
3. 向后摆动双臂和双手。
4. 肩膀向前倾斜。

第四步

1. 转动身体，左脚顺势迈出，落地时与右脚平行。
2. 两脚分开，与肩同宽。
3. 将双臂举起至头上。
4. 朝着来球的方向，双脚起跳。

图4.1 四步法助跑（适用于惯用右手的球员）

在以上步法中，前两步的速度应稍微慢一点，而后加速，使最后两步变得更快。因此这种步法又被称为渐强助跑，因为开始时步子小、速度慢，而结束时步伐大、速度快。

有时，攻手没有足够的时间或空间完整地完成以上四步法助跑。举例来说，位于中间的攻手可能在助跑前，离球网只有两步的距离。这时，攻手必须对助跑进行调整，虽然这样的助跑效果不如完整的四步法助跑，但要尽可能地做好准备，让自己能够强有力地击球进攻。如果时间上只允许助跑两步，那么便使用四步法中的后两步，朝着来球的方向起跳并摆臂；如果时间上允许攻手助跑三步，则使用该方法中的后三步。在排球比赛中，最重要的是增加得分的可能，而非一味地追求完美。队员们需要不断地对自身动作进行调整，以便在每个回合中都能获得更多的获胜机会。

手臂的摆动

在理想情况下，助跑能够帮助你在尽可能高的位置上全力击球，同时选择不同的进攻方式，例如直线球、斜线球或慢速球等。为了能够在最大程度上稳定且有力地击球，应按照以下要求来摆动手臂。

起跳后，将双手举过头顶，击球臂的肘关节向后弯曲，使手掌位于头后（如图4.2a所示），双臂的肘关节应位于同一高度，双手举起，同肩膀一起形成T字型。然后，将身体转向对方球场方向，以便给自己的攻击增加力量（如图4.2b所示）。朝来球伸展击球臂的肘关节，并伸直手掌，同时另一只手臂自然下落（不需要刻意控制另一只手臂的动作，让其自然下落即可）。在跳跃到最高点时，用手掌击球的后中部，同时手腕自然下压（如图4.2c所示）。击球后，击球臂落下至体侧，而后迅速进入防守模式。

肘关节后伸

1. 在助跑的最后一步时，摆动双臂，双手举过头顶。
2. 击球臂肘关节向后摆动。
3. 将击球臂肘关节弯曲，使手掌位于头后。
4. 保持双臂肘关节位于同一高度。

转身

1. 转动身体，面向对方球场。

2. 击球臂伸向来球方向。

3. 伸直手臂，朝球挥去。

击球

1. 用手掌击球的后中部。

2. 令手腕自然下压。

3. 击球后手臂落下至体侧。

4. 准备防守。

图4.2 **手臂的摆动**

错误

由于助跑不到位，导致只能在自己的外侧、前方或后方击球。

更正

适当调整助跑，使自己处于最佳的击球位置上，能够在跳起后的最高处全力击球。

击球位置

击球时，手掌接触球的位置决定了球的飞行方向。如果在球的下方击球，且手掌未从球的上方向下压，则球很可能会出界；如果击球时触球位置太靠上，则可能将球直接扣向对方的拦网队员或者触网。因此在击球时，手腕要放松，击打球的中间部位（肩膀向前的冲力能够使手腕在击球时自然地下压），以此来确保球朝着自己的目标方向飞去。虽然这个进攻方法失误率较低，但同时也容易让对方球员预测到你的意图，准备好防守。因此在下文中，会介绍一些令对方难以防守的进攻方法。

背飞进攻

背飞进攻是与先前提到的经典的两步法助跑不同的排球进攻方法（如图4.3所示）。这种步法与篮球中的上篮步法相似，攻手跑向来球，向前迈出与击球臂相反一侧的腿，而后单脚起跳，在空中击球。滑步助跑有以下几点优势：

- 令攻手起跳后沿着球网运动，有更多的空间来击球。
- 能够让惯用右手的球员在右侧标志杆处大力击球（通过转动身体产生力量）；惯用左手的球员可在二传手前方击球。
- 这种进攻方式很难防守，因为对方难以预测攻手进攻的方向。
- 即使二传手位于前排，也可以让攻手在右侧标志杆处击球。

背飞进攻中有一个至关重要的因素，即在整个助跑过程中都要保持排球位于自己身体的前方。一旦一传来球刚刚越过你，奔向二传手时，马上朝球网的方向迈出左脚。当二传手背传，将球传向右侧标志杆时，右脚向前迈出一大步，同时注意落地时右脚应与球网平行。保持双手高于腰部，肘关节弯曲（在助跑时），而后左脚向前，脚尖方向与标志杆成45度角。接着右腿膝盖抬起，同时抬起手臂，转动身体使肩膀面向进攻的目标方向，摆动右臂，在排球的右上方使用手掌迅速抽打排球。

错误

背飞助跑所产生的水平冲力，使一些攻手在抬起膝盖时，膝盖并非朝上，而是朝向外侧。

更正

注意要将右腿膝盖垂直抬起，将水平冲力转变成垂直方向的力量，这样能够让自己的击球点更高。

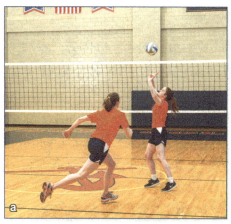

准备

1. 一传来球越过自己，飞向二传手。

2. 左脚朝球网的方向迈出一步。

3. 二传手背传，将球传向右侧标志杆。

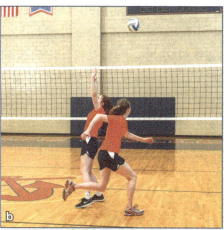

迈步

1. 右脚向前跨一大步，落地时与球网平行。

2. 跑动过程中保持双手高于腰部，肘关节弯曲。

3. 左脚向前迈步，与标志杆成45度角。

4. 右腿膝盖抬起，并举起手臂。

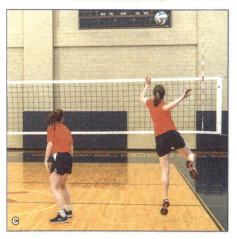

击球

1. 转动身体，令肩膀正对来球。

2. 用手抽打排球。

3. 在球的右上方击球。

图4.3 背飞进攻

过渡步法

排球比赛中，攻手基本上很少能够站在合适的位置等着球传过来，然后进攻。在绝大多数情况下，攻手都要从准备接发球的位置，或者指定的防守位置跑到目标位置，再进行进攻。因此，如何移动到合适的位置开始进攻，是影响进攻效率的重要因素之一。

当攻手从防守状态过渡到准备进攻的状态时，需要向后撤退，此时推荐使用转身跑的过渡技巧（如图4.4所示）。虽然很多队员会依旧保持面向球网，倒退至3米线处再开始助跑。然而这种方法速度较慢，而且很可能倒退的距离不够，导致没有足够的空间来助跑进攻。以下介绍能够为过渡步法提供指导，以便强力进攻。

当队员从拦网状态向准备进攻状态过渡时，应双脚落地。尽管在此之前，球员曾被要求单脚落地，以便缩短向后场迈步所需的时间，但这样会加大球员前交叉韧带损伤的风险，因此后来教练们便要求队员均使用双脚落地。而后，攻手要面向球场，注意队友的垫球，同时迅速冲向3米线处，并调整身体方向，面向目标。这个方法也提供了一定的机会来判断垫球的质量，以及判断自己是否需要做出一定的调整。例如当二传轨迹较低且速度较快时，攻手应该停止过渡步法，直接准备摆臂击球。快速移动到最佳的助跑起跑位置，小跳一下，将重心放在正确的腿上（对于惯用右手的球员来说，如果使用三步法助跑，则将重心放在右腿上；如果使用四步法助跑，则应放在左腿上；对于惯用左手的球员来说则相反），并使身体面向球网。一般情况下，身体需要转动大约180度。

落地和转身

1. 拦网后，双脚落地。

2. 面向球场。

冲刺和传球

1. 迅速移动到3米线处。

2. 小跳一下，转移身体重心，准备助跑。

3. 转动身体，面向球网。

图4.4　转身跑过渡步法

进攻训练1 自抛自扣训练

想要做到助跑和摆动手臂之间互相协调，最有效的练习方法之一就是自抛自扣训练。队员站在3米线处，用惯用手持球，然后将球向上抛起至离球网1至2英尺（即0.3到0.6米）处。球抛出后，开始助跑，并摆动手臂。击球时，放松手腕，将球朝自己正对的方向击出。进行斜线攻击，击球时需转动身体，朝向进攻的方向。在熟练掌握了直线进攻后，试着在击球时增加拇指上下移动的动作，使球在离开手掌时带有一定的旋转性。当能够在5次练习中，至少可以准确地进攻4次时，才能继续练习下一种击球方法。当使用背飞进攻扣球时，用非惯用手持球，而后在完成助跑的最后一步时，将球低抛到惯用手处。

增加难度

- 试着在击球时将拇指向上或向下压，从而给球增加旋转性。
- 故意将球抛到较棘手的位置，调整自己的助跑来接近球，做好击球的准备。

降低难度

- 离球网远一些，或者直接站在后排进行训练。
- 让队友将球抛给自己。

成功的关键

- 助跑的最后一步一定要注意用力。
- 将双臂举过头顶。
- 击球时，手掌要放松，快速击球。

给自己的训练打分

成功完成直线球训练（5次中成功4次以上）=5分
成功完成斜线球训练（5次中成功4次以上）=5分
成功完成背飞进攻训练（5次中成功4次以上）=5分
得分 ____

进攻训练2 助跑之星训练

利用助跑的最后两步，并根据二传调整自己的位置，是很多优秀的攻手必备的技能之一。本训练能够让你只需要注意助跑的最后两步，来使自己做好进攻准备，全力摆臂。开始训练时，身体重心应该放在左脚上（惯用左手的队员则应该将重心放在右脚上），距离球网大约5英尺（即1.5米）处。按照表格4.1的说明，调整双脚的位置，以便在击球时能够跳得更高。

表格4.1 助跑之星训练的角度和抛球位置

角度（攻手正对球网时=0度）	助跑方法	抛球或传球位置
0	普通助跑方法	在攻手的正前方
45	调整步伐的角度，使右脚指向斜前方	在攻手的右前方
90	右脚指向右侧，像是要跳到侧边一样	在攻手的右侧
135	左脚后退，落地时使身体朝向右后方	在攻手的右后方
180	直接向后退，将球让到自己的身前	在攻手的后方
270	双脚交叉，右脚在前	在攻手的左肩处
315	调整助跑的角度，双脚略微交叉但保持身体继续向前移动	在攻手的左前方

在击球后，返回到开始位置，继续进行下一次训练，直到完成以上所有的助跑方式。在熟练掌握最后两步的步法后，完成以上各种步法的全部助跑步骤。

增加难度

- 使用完整的助跑。
- 试着将进攻的位置安排在更具有挑战性的地方。

降低难度

- 没有排球，只练习步法。
- 在击球前，首先朝对面球场扔一个网球。

成功的关键

- 在助跑中，注意结束的那一步一定要有力。
- 保持肩膀正对着来球。
- 击球时手掌放松，不要绷得太紧。

给自己的训练打分

使尽全力成功向场中扣球5次及以上=10分
使尽全力成功向场中扣球3到4次，或者在力量不足的前提下成功扣球5次及以上=5分
成功向场中扣球2次及以下=1分
得分 ＿＿＿

进攻训练3　过渡步法的进攻训练

本训练内容为指导者在二传位置处抛球，队员在各个位置上练习进攻和过渡步法。队员要使用先慢后快的四步法助跑和T字型手臂摆动姿势，以最大的力量击球，双脚落地后转身跑到3米线处。当队员能够稳定地将球击到指定位置后，试着在每次击球时都将球击向不同位置。在熟练掌握这项技巧后，队员换到网前的不同位置，并在各个不同的位置上继续练习，每个位置击球4次。

增加难度

- 改变每次抛球的节奏。
- 每次进攻时，都要改变位置。
- 队员需将每一球都打到不同的位置上。

降低难度

- 降低抛球速度，使队员能够正确地完成过渡。
- 队员可将每一球都打到相同的位置上。

成功的关键

- 使用先慢后快的助跑。
- 使用T字型手臂摆动姿势。
- 使用转身跑过渡步法。

给自己的训练打分

每成功进攻一次得1分（一共10次机会）。

得分 ____

进攻策略

使用上文中所提到的那些技巧能够让你的进攻稳定且有力，但这同样会让对方很容易预判你的进攻意图，并组织对应的防守。一旦你能够稳定并准确地控制你的进攻，那么接下来就要设法迷惑对方。毕竟，进攻得分不一定都是靠落在3米线以前的强有力的扣球。右旋球、左旋球或慢速球都有可能令对方措手不及，无法防守。

直线扣球

按照前文中所描述的四步法助跑步骤，以及在球的中心部位击球，能够让你将球直接打向肩膀正对的方向。在进行直线进攻时，击球前立刻转动自己的身体，将肩膀面对球的目标方向。打斜线球时，则将身体转向斜线方向。斜线球是最保险的进攻方式，失误率最低。因此，当对方的拦网力量很强，或二传不够完美时，推荐选择使用斜线球进攻。

右旋球和左旋球

通过控制击球时的手部动作，可以将球击向非身体所对的方向，从而迷惑对方，令其难以防守自己的进攻。如果想要让球飞向自己的左方，在助跑、手臂摆动与其他进攻方法相同的前提下，击球时用手掌击打球的右侧，同时拇指向右上方移动，令球向右旋转，从而飞向自己所对方向的左侧（如图4.5a所示）。同理，如果想让球飞向自己的右方，则在击球时用手掌击打排球的左侧，并向左下方移动拇指（如图4.5b所示）。由于这种进攻方式更加具有挑战性，因此在击球后保持身体的伸展，不要做不必要的随球动作，直至将排球完全击出。

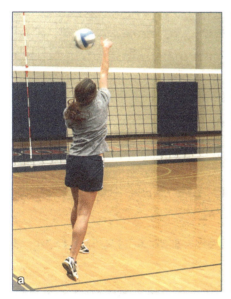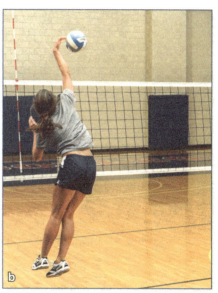

a击球时拇指向右上方移动，使球转向左侧；b击球时拇指向左下方移动，使球转向右侧。

图4.5 改变击球时手部动作

慢速进攻

抹球是指用指尖轻轻击球（如图4.6a所示），将球击到对方球场的空当，通常离网较近，且距离对方拦网队员也很近。吊球（图4.6b）则指在击球前，肘关节略微下降，使整个手掌与排球的下部接触，同时手腕下压，使球向上旋转，从而具有较高的轨迹，能够恰好越过对方的拦网球员，飞向对方的后场。抹球和吊球都属于慢速进攻，这是因为它们跟棒球中的变速球相似，能够趁虚而入，打乱比赛的节奏。

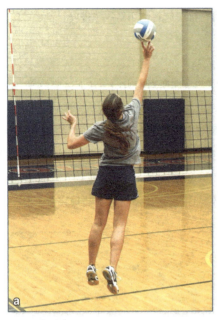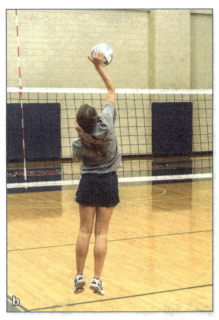

a 抹球；b 吊球。

图4.6 慢速进攻

错误

由于过早降低肘关节或助跑较慢，而泄露了自己要进行慢速球进攻的意图。

更正

在要进行慢速球进攻时，也要尽量使自己的助跑和手臂摆动看起来像普通进攻一样，避免被对方提早发现自己的意图。

快攻球

如果攻手与二传手足够默契，则可选择快攻球来进行有效的进攻。快攻球是指二传手直接将球传向攻手可以够到球的位置，而不是将球垫高，令攻手再利用助跑，靠近排球从而击球进攻。快攻球非常考验攻手和二传手把握时机的能力，同时还需要彼此间的信任，因为攻手要直接移动至二传手进行二传的地方，而非二传后球被传向的位置。进行快攻球进攻时，攻手需调整助跑的步伐，随着一传来球一起向二传手的方向移动。当二传手用手击球的同时，攻手朝球的方向跳起，并迅速向后摆动手臂，以便示意二传手传球的目标位置（如图4.7所示）。

当一传十分完美时，二传的深度和距离会更加稳定，实施快攻球进攻的成功率也更高。如果一传不够完美，则二传手应适当调整球的深度和距离，创造合适的角度，令攻手能够顺利地将肩膀转向二传手的方向。二传手将球朝攻手传去的同时，攻手应当助跑，接近来球。如

图4.7 攻手朝目标移动，准备快攻

果一传足够完美，则攻手应当跑向二传手前方的位置。当二传手为接近来球，而与球网相距8英尺（即2.4米）时，攻手也应当移动到距离球网8英尺处，且与球网成45度角（如图4.8所示）。在一传不够完美时，可适当增大该角度，同时增加攻手与二传手之间的距离，使攻手能有更好的视野注意传来的球。另外，二传的速度应保持一致。

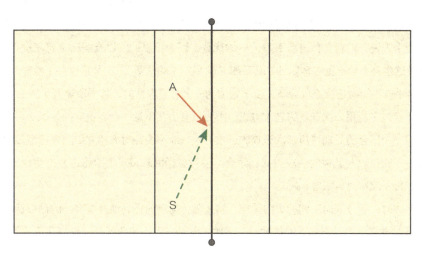

图4.8 快攻时，攻手和二传手的位置

后排进攻

当攻手在后排进攻时，为了能够在击球时略低于球，需要调整自己的步伐和跳跃。而由于球员距离球网过远，因此想要将球击至对方球场，必须保证排球的轨迹较平。同时击球时要尽可能地快速，且将手腕下压，使球上旋。

从右侧标志杆处进攻

一般来说，无论队员从哪个位置进攻，或无论是惯用左手还是右手，本章中的进攻策略都是可行的。对于惯用右手的攻手来说，在右侧进攻时，需要注意助跑最后一步的方向应与来球相对。这时，助跑方向要稍微向左侧移动，且正对球网（此时脚尖与目标之间的角度应由之前的45度改为0度）。尽管这样做意味着放弃助跑所能产生的力量，但却是值得的，因为能够保证进攻的稳定性。

二传进攻

虽然比赛规则规定每队在将球击向对方球场前，最多只可触球3次，但这并不意味着每次进攻都必须要触球3次。一般来说，二传手是球场上最高效的攻手，因为同攻手向后场扣球一样，二传手向对方中场的直接进攻即二次进攻也很难防守。二传手进行二次进攻时，起跳并面向本队的攻手，假装自己要将球传给该攻手。击球前，放下自己的右手，用左手直接将球打过网。对方场地中防守最薄弱的区域通常是球场的中心部位。由于通常情况下二次进攻的速度较慢，因此尽量使球离球网近些，从而减少对方防守队员的反应时间。对于惯用左手的二传手来说，进行二传进攻有着天然的优势，因为可以助跑以及摆动手臂来进行二传直接扣球（这也是为什么很多球队的二传手都是惯用左手的队员），但是这也并不意味着惯用右手的二传手就不能考虑该进攻策略。以下是成为一名有进攻性的二传手所需要了解的策略：

- 不要过多使用二次进攻的进攻方式，因为只有出其不意才会有更好的效果。
- 应一个回合的后期使用二次进攻的进攻方式，而不要在对方建立好防守阵型后使用。
- 将二次进攻与其他的快攻方式相结合，使对方拦网队员产生困惑，并迫使她们在本方二传手起跳时，跟着起跳。
- 跳传时，要分别向不同的方向传球，防止因为起跳而轻易地泄漏自己的进攻意图。
- 当对方集中力量防守近网抹球时，将球扣向对方后场的角落处。没有队伍能够防守住整个球场。

进攻策略训练1　不同位置上的进攻训练（关于角度和深度）

本训练的内容为：指导员从球场的两侧将球抛向攻手，攻手则需将球扣向不同的位置。当队员能够准确且稳定地向不同区域击球时，通过改变击球时的触球位置来控制扣球的深浅。在球场上距离端线5英尺（即1.5米）处放置圆锥体标记物，同时在其前方3英尺（即1米）处放置第二个圆锥体标记物，指定进攻位置，并将球场分成3个部分。分别练习从球的下部击球，将其击向后场；在球的上方击球，使其落在前场。在能够连续稳定地向不同距离击球后，练习轮流向前后场击球。

增加难度

- 指导员不再抛球给攻手，而是安排一名二传手将球传给攻手。
- 缩小目标区域的面积。
- 通过改变传球的位置来提高向目标区域进攻的难度（例如进行直线进攻时，将球抛向偏内侧的位置）。
- 通过面向某方向，却将球击向另一个方向（击球时拇指移动），来迷惑对方，隐藏自己的进攻意图。
- 在右侧标志杆处进行进攻时，使用滑步助跑。

降低难度

- 增大目标区域的面积。
- 保持二传离球网稍远。

成功的关键

- 助跑要先慢后快。
- 改变击球时的手部动作，以更好地控球。
- 面对目标方向。

给自己的训练打分

向对方球场后场击球，每成功一次得1分（共5次）；在两侧标志杆处向对方球场扣短球，每成功一次得1分（共5次）。

得分 ____

进攻策略训练2 界内或界外训练

这是一项4对4形式的训练。首先利用圆锥体标记物将球场分成两部分，在球场中间划分出一个10英尺×10英尺（即3米×3米）的正方形区域（如图4.9所示）。每回合开始前，指导员喊出"界内"或"界外"，而后比赛开始。指导员的口令与球场划分的区域相对应，如果指导员喊出"界内"，则球场中间的正方形区域为界内，队员们在进攻时必须将球击入该区域内；如果指导员喊出"界外"，则意味着球场中间的正方形区域为界外，队员们在进攻时则要避免将球击入该区域。本训练考察队员能否正确控制球的进攻目标，以及能否在进攻时对于应该向哪个区域击球做出迅速反应。指导员可在任意时候改变界内外的规则。率先获得10分的队伍获胜，或在指定时间内获得分数更多的队伍获胜。

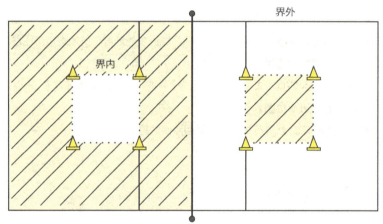

图4.9 界内或界外训练的球场设置

增加难度

● 在一个回合中，变换界内外规则。

降低难度

● 在连续三个回合中保持相同的界内外规则。

● 增大中间区域的面积，使攻手更容易将球击入该区域。

成功的关键

● 每个回合中都要注意交流沟通。

● 助跑要到位，这样能够有多种进攻的选择。

● 击球时，击打球的中间部位以确保准确性。

给自己的训练打分

自己所在的队伍赢得了比赛=10分

自己所在的队伍输掉了比赛=队伍所获得的分数

得分 ____

进攻策略训练3 快攻训练

　　本训练的目标在于提升中间攻手与二传手之间的默契程度，使其在一传离网较远时，进攻仍然具有威胁性。取一段较长的弹力绳（可以使用与本书第1章发球训练中所提到的相同的弹力绳），将其两端分别绑在两个网柱上，高度与二传手的腰部相同。二传手站在球网与弹力绳之间。当二传手远离球网，跑向指导员抛出的球时，弹力绳与球网之间则形成了一个三角形的区域。弹力绳使攻手可以清晰地了解到自己应该距离球网的距离。理论上，攻手距离球网的距离应当与二传手相同，且与球场成45度角。同时，要确保攻手始终面向二传手，以便于观察来球。最后，攻手将球击向对方球场的后场角落处。

增加难度

- 指导员加快向二传手抛球的速度。
- 指导员向二传手抛球时，将球抛得离球网更远一点。
- 要求攻手使用滑步助跑，二传手则要进行背传。

降低难度

- 指导员在抛球时将球抛到距离二传手较近的位置。
- 教练抛球时，将球抛高一些，给攻手更多的时间来调整自己的动作。

成功的关键

- 面向二传手做好准备姿势。
- 不要离球网太近。
- 击球时要保证肘部的高度足够高。

给自己的训练打分

作为攻手，每次与二传手成功配合进行一次进攻，可得1分（总共10次）

得分 ____

进攻策略训练4 补救训练

　　每队各4名队员，其中1名二传手位于前排，剩余3名为后排队员。首先由A侧队员持球，开始比赛。A侧队员在进行3次触球后，将球打到对方球场。攻手应保持进攻的稳定性，一旦出现失误，指导员可以给该队一个机会来弥补失误，即抛出与先前失误相似的球来继续进行比赛；如果未出现失误，则比赛继续。如果同样的问题出现了两次，则该队队员由其他球员替换。出现各种失误的情况下，均可得到补救的机会，包括防守队员接触到球，但未成功将球垫起。每次有队员被替换时，该队得1分。一次训练的时长为5分钟。

增加难度

- 使补救机会的难度更大。
- 补救之前要求队员做俯卧撑或蹲跳。

降低难度

- 允许球员失误两次以上，但同样的错误不能犯内次。

成功的关键

- 使用加速助跑。
- 瞄准对方球场上防守最薄弱的区域。
- 要对自己的进攻有信心。

给自己的训练打分

训练结束时，本队得分小于3分=10分

训练结束时，本队得分为4至7分=5分

训练结束时，本队得分大于7分=1分

得分 ＿＿＿

本章小结

　　如果在进攻时，能够做到助跑有力，手臂摆动到位，手掌击球迅速，手腕放松，并在击球时甩腕，那么你的进攻便能够征服全场！这些基本原则能够使你的进攻准确有力，且变化多端，不会被对方轻易地看穿。无论是使用标准的四步法助跑、背飞进攻，还是过渡步法，关键在于要使自己可活动的范围最大化，并尽可能快速地用手掌击球。当自己对于这些技巧的掌握充满信心，并能够在以上训练中得到60分以上，则可以进行下一章拦网的学习。

进攻训练

1. 自抛自扣训练   得分（满分15分）

2. 助跑之星训练   得分（满分10分）

3. 过渡步法的进攻训练   得分（满分10分）

进攻策略训练

1. 不同位置上的进攻训练（关于角度和深度）   得分（满分20分）

2. 界内或界外训练   得分（满分10分）

3. 快攻训练   得分（满分10分）

4. 补救训练   得分（满分10分）

总计   **得分（总分85分）**

扫码立即免费领取10个
排球传球基础训练方法

拦 网

对运动中所使用的技巧进行分析，能够发现一系列获胜的方法。排球也不例外。球员们可以学习很多关于发球、接发球、二传和进攻的有效方式，本书分享了这些技巧练习的方法，帮助大家学习提高，并快速取得胜利。

在高校比赛和国际联赛之类的比赛中，拦网技术可能是最容易区分球员水平的一项技术。无论个人意图如何，比赛中的拦网主要有3个目的：

1. 阻止对方的进攻顺利过网，落在已方场地中；

2. 改变对方的进攻方向，使其转向本队最好的垫球队员；

3. 减弱对方的强大攻势。

你可以通过不同的方式来达到这些目的，本章介绍了能够帮助你稳定且成功拦网所需要的技巧。

拦网技巧

有力的拦网需要训练和爆发力。当面对优秀的进攻球队时，想成功拦网，则需要在很短的时间内完成多项任务。以下几点技巧能在关键时刻帮助你，不仅能够多次拦网成功，而且在拦网未成功时，也能够提高本队防守成功的概率。

基础站位

准备拦网时，应站在离球网较近的位置（与球网相距1至2英尺，即0.3到0.6米），将自己的重心放在脚前掌上，膝盖微屈，双手稍稍举起，两肘靠内（如图5.1所示）。这个动作十分简洁，能够让队员快速移动，同时也能在需要时迅速抬起双手。

1. 站在网前。
2. 重心位于脚前掌。
3. 膝盖微曲。
4. 双手举起，两肘弯曲靠内。

图5.1 拦网准备姿势

错误

始终面向且紧跟着二传手，但却与其距离过近。

更正

应保证自己总是位于二传手的前方并做好拦网姿势，便于成功拦网来自中间的进攻。场上最易受到进攻的地方，也是己方最应注意防守的地方。

观察顺序

在拦网技术中，最容易被大家忽视的是，当球在对方球场中时，观察球的动向。首先，要观察对方接发球的飞行路线。如果接发球不到位，自己负责防守的对方攻手可能不会接到二传手的传球时，自己可以离开先前的位置，帮助队员防守更可能发起进攻的攻手。

其次便是观察二传手的动作，预判二传手传球的高度和方向。此时可以通过二传手的姿势，或其击球时的手部动作来预判其意图，注意防守即将进攻的攻手，并提前准备起跳。在球被传出后，注意区别二传传球距离球网较远还是较近。如果传球离球网较近，试着用双手围绕排球并随着攻手一起起跳。如果传球离球网较远，则要仔细判断自己负责防守的攻手的意图，由于球飞过来需要时间，因此应在攻手起跳后再接着起跳准备拦网。

最后，注意力应离开球，放在对方攻手身上。因为攻手会击球进攻，可以通过观察攻手的动作来判断球的方向，将注意力集中在攻手的身体位置和手臂摆动方向上，这样才能让自己将手对准对方的进攻方向（如图5.2所示）。

图5.2　将手掌正确地对准对方的进攻方向

错误

过多地观察接发球和二传。

更正

在能够预测接发球或二传的传球距离和深度之后，应立刻将注意力转移到下一目标。有的教练在训练时，会让自己的拦网队员戴上护目镜或棒球帽，来限制他们的视线高度，防止他们过分关注一传和二传的整个过程。

移动步法

因为3名负责拦网的队员要防守整个场地的前排，即网前29英尺6英寸（即9米）的范围，因此每个队员都要负责网前大约10英尺（即3米）的区域。大多数人都无法通过简单的跳跃来防守自己的目标区域，因此，正确的步法对于拦网队员来说尤为重要。恰当的步法能够帮助队员保持平衡，并做好最佳的起跳准备。以下介绍了3种不同的步法，可以用于不同距离的防守，让队员及时移动到合适的位置准备拦网。

跨步

当需要移动较短距离到达准备拦网的位置时（1到2英尺，即0.3到0.6米），首先将靠近目标方向一侧的脚向同侧迈出一大步，同时另一只脚蹬地起跳。例如，如果要在自己的右侧拦网，且排球已经被对方二传手传至自己的右侧，此时右脚向右侧迈一大步，同时左脚蹬地向右跳起。落地时尽量使双脚同时落地，膝盖弯曲，身体深蹲，便于立刻起跳进行拦网（如图5.3所示）。

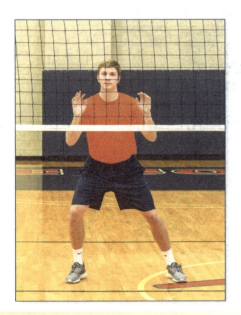

1. 靠向目标方向一侧的脚向侧面迈步。

2. 另一只脚蹬地起跳。

3. 双脚同时落地。

4. 膝盖弯曲，身体深蹲。

图5.3 跨步步法

交叉步

有时，在网前需要移动的距离较远，无法一步跳到目标位置。如果需要移动3到5英尺（即1到1.5米）的距离，则首先应将远离目标方向一侧的脚向目标方向迈步，与另一只脚交叉（如图5.4所示），然后根据上文介绍的跨步，继续移动，使自己能够紧跟负责防守的攻手。

1. 外侧的脚交叉迈过内侧的脚。
2. 内侧的脚滑步。
3. 使用外侧的脚蹬地。
4. 双脚落地。
5. 屈膝下沉。

图5.4 交叉步步法

交叉跨步

如果试图沿球网移动6至10英尺（即1.8至3米），则需要额外的步伐。首先将靠近目标方向的脚向同侧迈出一小步（如图5.5所示），微微弯腰，迈步的同时将身体重心朝目标方向移动，以此增加身体的惯性，便于在下一步的交叉步中移动得更远。在移动时，应保持双手举起至头部附近，且保证身体与对面球场成45度角。这种拦网移动步法主要用于中间位置的防守队员移动至标志杆处，以便与队友配合进行双人拦网。

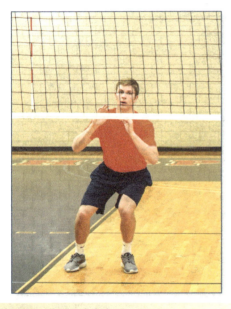

1. 位于外侧的脚向目标方向迈出一小步。
2. 微微弯腰。
3. 将肩膀对向标志杆。
4. 位于外侧的脚跳向自己防守的攻手。
5. 使用另一只脚蹬地。
6. 双脚落地，身体面对攻手。
7. 膝盖弯曲，身体深蹲。
8. 保持双手位于头部附近。

图5.5 交叉跨步步法

拦网时机

起跳拦网的时机会受到一些因素的影响。在大多数情况下，拦网队员应在对方攻手开始助跑准备起跳后，立即跳起准备拦网，但有时也需要一些调整。在判断起跳时机时，最重要的是判断二传传球与球网的距离。传球距离球网越远，球的飞行时间越长，因此队员在起跳前要等待的时间也越长。另一项影响拦网时机的因素是，自身的弹跳力与对方攻手之间的差距。如果对方明显比自己跳跃能力更强，则可以在对方起跳之后再起跳，这样可以保证与其同时达到最高点。

错误

起跳时侧身。

更正

拦网队员在每次准备拦击对方进攻时，都应该正对球网起跳，而不可向左右倾斜，即使正面起跳时无法与对方攻手对齐。试图伸手够球或向斜前方起跳都会导致自己拦击无力，拦网容易失败。

手部动作

在成功移动至目标位置，膝盖弯曲准备好起跳后，将双臂伸直，双手举过头顶。手指充分伸展，拇指指向天花板，这样手指可以占据更多的空间（如图5.6a所示）。当手指指尖比球网高时，将双手下压，通过球网上方平面，进入对方场地上空。肩膀向前使力，带动更多的肩部肌肉，使自己在向前伸手够球时能够保持拦网的稳定性。当手掌越过球网上方时，应调整手掌角度，向下压。当球与手臂接触时，注意收缩核心肌肉，以确保排球会被反弹回对方球场（如图5.6b所示）。拦网后，在身体下落时，要保持双臂伸直，并用双脚落地（如图5.6c所示）。

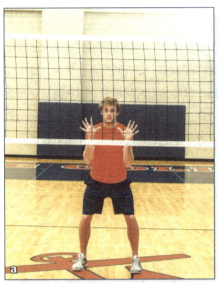

准备

1. 做好起跳准备。

2. 伸展肘关节。

3. 拇指朝上。

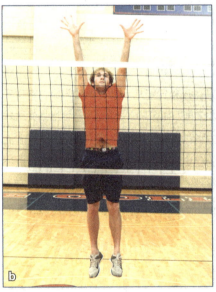

拦网

1. 起跳

2. 手掌前压，越过球网上方，伸向对方球场。

3. 肩膀向前用力。

4. 够球。

5. 手掌下压。

6. 击球。

随球动作

1. 保持双臂伸展。

2. 双脚落地。

3. 回到准备位置，准备进行下次拦网或进攻。

图5.6　拦网时的手部动作

　　如果拦网成功，那么回到准备位置，做好再次拦网的准备。如果对方攻手避开了自己的拦击，将球击入本方球场的后方，那么落地后迅速转身跑向3米线处，做好进攻的准备。如果排球触及自己后，仍然向着本方球场飞去，则此次触球不算在3次触球内，且自己可以再次击球。

错误

只是注意尽量将手掌伸得更高，却未伸向对方球场区域上空。

更正

试图拦网时，要将手伸向球网，双手才能占据最大的空间，且被拦击的排球更可能反弹到对方球场，而不是在本方球场落地。

有效拦网

　　是否有人担心在拦网时无法做到使自己的双手高于球网？即使一名球员缺乏跳跃的高度和速度，自己不能跳得足够高，却也同样可以进行有效拦网。有效拦网的技巧同样需要先前提到的步法和手部动作，只有一点区别在于选择有效拦网的情况下，双手不要伸向球网，而是向后倾斜手掌，使其对向天花板（如图5.7所示），确保两个手掌一定要完全伸平。这个技巧基本上无法做到拦网直接得分，但这项技术能够让你触及本应直接越过你的进攻球。通过触球，减慢球的速度，使后排队友更容易进行一传。尤其是在对方攻手的击球高度或起跳存在失误时，会使对方感到沮丧，影响后续比赛的心态。

图5.7 有效拦网时的手部动作

摆臂拦网

摆臂拦网需要将先前提到的交叉跨步式移动步法，换成与进攻相似的助跑。准备位置是稍向内侧，通过助跑和摆臂的动作，扩大可防守的范围，跳得更高，并且调动全身来完成拦网（如图5.8所示）。由于动作涉及的身体部位增多，此项技术也更为复杂。摆臂拦网需要长时间的练习才能掌握，以下介绍的步骤对于这项技术的练习有很大帮助。

准备位置在网前距离标志杆10英尺（即3米）远处，身体面向目标移动方向。在对方攻手开始助跑时，自己也开始移动，使用与进攻时相似的三步法助跑（如果向左移动，则脚步顺序为左—右—左；如果向右移动，则脚步顺序为右—左—右）。手臂摆动的动作也与进攻时相同，但要注意弯曲肘部，这样做可以加快摆动速度，并且在向前伸手时降低触网的概率。当准备好起跳时，转动身体背对球场，面向对方的攻手。双手举起至最高处，并与位于中间的拦网队员配合。拦网结束后落地时，注意保持手臂伸直，身体正对球网。

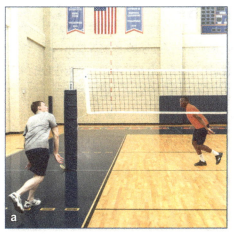

准备

1. 站在网前距离标志杆3米左右的位置。

2. 身体面向目标方向。

3. 当对方攻手开始助跑时，使用三步法助跑。

4. 保持肘部弯曲，摆动双臂。

拦网

1. 双脚抓地。

2. 转动身体，面向对方攻手。

3. 双手举起，伸向来球，尽量靠近攻手的击球点。

随球动作

1. 保持双臂伸直。

2. 身体面对球网。

3. 落地。

图5.8 摆臂拦网

拦网技术训练1　与队友一同进行拦网训练

　　两名队员面向对方站立，距离大约2英尺（即0.6米）。一名队员负责将球抛出，另一名则伸手拦击。在训练中要注意肘关节完全伸直，拇指指向天花板，且充分用力。负责进攻的队员应合理使用手臂摆动技巧，将球击向队友完全伸展的手掌上。拦网队员注意手指向上，且球不能由上至下打在其手上。（例如，在攻手比拦网队员高时，可能出现这种情况。）拦网队员应收缩腹部肌肉，用力将球下压。排球应在接触拦网队员双手之后直接反弹至地面。连续练习10次之后，互相交换角色，继续进行训练。

增加难度

- 试着总是向拦网队员的一只手击球。
- 拦网时增加一个小跳步。
- 令拦网队员站在不稳固的平面上，练习保持平衡（例如平衡球或平衡垫上）。

降低难度

- 将球直接击向拦网队员的手掌。
- 进攻时不要过于用力。

成功的关键

- 注意肘关节完全伸直。
- 保持拇指指向天花板。
- 保持身体紧张，使出全力。

给自己的训练打分

成功拦网一次加1分（共10次）。

得分 ____

拦网技术训练2　"盲拦"训练

　　对于一名拦网队员来说，一定要将注意力放在自己负责防守的攻手身上，而不是只盯着球不放。在本项训练中，队员们分成两组，每组3人（一名负责进攻，一名负责传球，一名负责拦网）。整个球场分成两个区域。负责进攻的队员站在球场的一侧，另两名队员则站在另一侧。拦网队员要面对对面场地中的攻手，负责传球的队员则站在拦网队员身后（如图5.9所示）。传球队员将球向前高高抛出，高度大约在球网上方2至3英尺（即0.6至1米）处，对面的攻手助跑并击球进攻。由于传球的队员位于拦网队员身后，因此不得不将注意力全部集中在攻手身上，通过观察其助跑方式，移动到正确位置进行防守。攻手可通过向拦网队员手部方向击球来提高其拦网效率。连续练习10次之后，队员们互相调换身份，继续训练。训练时记录自己成功拦网的次数。

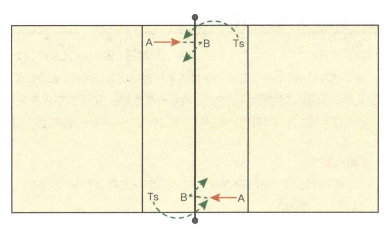

图5.9 "盲拦"训练

增加难度

- 将球抛得远些,使攻手必须在远离球网处击球进攻。
- 将球抛向一边,迫使拦网队员向两侧移动。
- 攻手试着将球击向拦网队员的一只手或指尖处。

降低难度

- 抛球时将球抛到距离球网较近的地方,使攻手在拦网队员附近的较小空间内摆臂击球。

成功的关键

- 注意观察攻手,而非排球。
- 攻手起跳后立即跟着起跳。
- 拦网时,使用全身力量将球下压。

给自己的训练打分

自己成功拦网一次加1分(共10次),队友成功拦网一次则加0.5分。

得分 ____

拦网技术训练3 外侧拦网训练

球场一侧为3名左侧攻手（主攻）和1名二传手，球场另一侧为2名右侧拦网队员和2名中间拦网队员。教练将球抛给二传手，后者将球传给第一名主攻手。球被传出后，位于中间的拦网队员使用交叉跨步移动至右侧拦网队员旁边。攻手应将球向右击向拦网队员手掌处。练习10次之后，二传手和攻手与拦网队员互换角色，继续重复训练。训练时记录成功拦网的次数。

增加难度

- 让攻手向对方防守较弱的位置进攻（例如2名拦网队员中间缝隙处，或两侧拦网队员的手臂外侧）。

降低难度

- 教练直接将球抛给攻手，令其直接击球进攻。
- 二传手将球传得离球网较近些。

成功的关键

- 进行双人拦网时，拦网队员两人四手均应正对对方球场。
- 注意观察攻手。
- 直至拦网结束后落地，要始终保持手臂伸直。

给自己的训练打分

自己成功拦网加1分（共10次），自己进攻的球被成功拦网加0.5分。

得分 ____

拦网策略

比赛时，球队可以选择各种不同的拦网策略。一些策略主要为了防守对方中间位置的攻手，防止其进行快攻。另一些策略则是为了减慢两侧攻手的进攻。有的球队会让拦网队员观察对方二传手的动作，并在二传之后再移动准备拦网；而有的球队则会让队员提前做好拦网准备，试图通过本队的拦网队形来影响对面二传手的传球方向。尽管所有的拦网策略都是各有利弊，但是认真考虑并选择自己球队适用的策略，能够确保所有队员都清楚地了解自己球队的目的。

分散与集中拦网

拦网队员的初始准备位置取决于球队所选择的拦网策略。当球队选择分散拦网时，两侧的拦网队员应站在与标志杆相距一臂远的位置，中间拦网队员则站在网前中间位置。当对方在中间进行快攻时，此时中间拦网队员仍位于正中，而两侧拦网队员则要向中间移动，与其配合一起集中拦网进行防守。当对方从外侧进攻，或本队想要增大拦网区域时，可以选择分散拦网。

如果选择集中拦网队形，则左右两侧的拦网队员与位于中间的拦网队员各相距一臂远的距离。此策略便于对方进行快攻时，在中间进行双人拦网。同时，也给摆臂拦网提供了足够的运动空间。关于以上两种拦网类型的差别，可以参见图5.10。

集中拦网		分散拦网
	RFB	
LB		RB
	LFB	
MB	MFB · MFB	MB
	RFB	
RB		LB
	LFB	

图5.10　分散与集中拦网

在二传手轮转至前排时，以上这些位置可能会发生变化。因为具有进攻性的二传手可以使用左手进行快攻，因此对于左侧拦网队员来说，保证自己位于二传手的身前是非常重要的。这意味着二传手在向前看时，左侧拦网队员永远在其视线之内，以便于之后的配合。

错误

始终面向且紧跟二传手，但与其距离过近。

更正

始终位于二传手的前方做好拦网姿势，便于成功拦阻来自球场中间的进攻。场上最易受到进攻的地方，也是己方最应注意防守的地方。

拦网路线和角度

要记住，拦网时成功将球反弹回对方球场得分只是拦网的目的之一。同时，拦网还能够通过队形的变化，故意将本队具有优势防守力量的区域暴露给对方，使对方攻手向此处进攻；或者削弱对方攻手的扣球攻势。如果试图进行直线拦网，则应将自己靠向内侧的手臂正对攻手的击球手臂（如图5.11a所示）。举例来说，如果想在右侧标志杆处对对方惯用右手的左侧攻手（主攻）进行拦网防守时，应调整自己的位置，使自己的左臂对准攻手的右臂。同样，如果在左侧标志杆处对惯用左手的攻手进行拦网防守，则应将自己的右臂对准攻手的左臂。如果想改变对方进攻球的角度，进行斜线拦网，则应将自己靠向外侧的手臂对准对方攻手的击球手臂（如图5.11b所示）。

无论拦网的方向和角度如何，中间拦网队员总是应该靠近外侧拦网队员，即使在后者出现失误时。大多数球队会通过拦网角度来减弱对方斜线球的力道，因为这样做可以让中间拦网队员迅速靠近目标，能够缩小对方攻手可选择的进攻区域，增加进攻难度。

位于标志杆处的拦网队员，必须确保自己靠外侧的手掌朝向球场方向，防止排球在打到自己手掌之后飞出界外，使对方得分。许多攻手也会故意使对方拦网出界来得分。

a对对方攻手进行直线拦网时，将自己靠向内侧的手臂对准攻手的击球手臂；b试图通过斜线拦网改变对方进攻角度时，将自己靠向外侧的手臂对准攻手的击球手臂。

图5.11 拦网路线和角度

错误

位于外侧的拦网队员在移动时，位置错误，使其与中间拦网队员的距离变远。这将加大拦网队员间的空隙，给对方的进攻提供了更多选择，也为本队后排队员的防守增加了难度。

更正

即使外侧拦网队员在移动上存在失误，中间拦网队员也要迅速向其靠近。即使拦网不成功，但能有助于己方负责垫球的后排队员进行准备。

双人拦网

双人拦网时，在攻手前方四只手比两只手占据的空间大一倍，使攻手可选择的进攻方向更少。如果队友在标志杆旁进行拦网，中间拦网队员应当移动到两侧拦网队友的身旁，关键在于中间拦网队员需要及时移动到两侧，保证自己与队友的距离不能太远，避免给对方攻手可趁之机。在这种情况下，位于外侧的拦网队员应找准位置，在攻手对面准备拦击其进攻，而中间拦网队员则需要靠近队友，协助防守（如图5.12所示）。此时，中间拦网队员应使用前文中所提到的移动步法，直接移动到队友身旁并和队友一同起跳拦网。想要充分掌握该技巧，和队友配合默契，则需要长时间的练习，以及相互间的沟通。但是，一旦能够熟练掌握这项技巧，则能够大大地增加本队防守成功的概率。

图5.12 双人拦网

单人拦网与双人拦网

中间拦网队员在整场比赛中都要尽可能地帮助队友进行双人拦网，但有时对方的进攻太快，导致中间拦网队员无法及时移动到队友身边。在这种情况下，中间拦网队员应向位于标志杆附近的队友喊出"晚了！"，以便让队友了解情况，做好单人拦网的准备。在大多数单人拦网的情况下，最好选择拦击对方的斜线球从而改变球的角度。因为大多数攻手在扣斜线球时，力度都比扣直线球时要大。因此，将球朝内侧拦击，也能让来不及靠近的中间拦网队员展开防守。关于这些情况下的垫球等有关防守安排，会在本书的第8章进行介绍。

错误

当中间拦网队员认为自己来不及移动到队友身旁时，便放弃了拦网，在对方传球时仅站在网前观察球的轨迹。

更正

即使无法及时移动到外侧拦网队员身边，也要尽可能地向目标方向移动，并在对方攻手击球时垂直起跳，伸手进行拦网。如此行动，能暴露出与队友之间的空隙，让本队负责垫球的队员更加注意该区域的防守，而且如果对方攻手出现失误，自己仍然可能会拦网成功。

三人拦网

先前我们已经介绍了当对方将球传至球网两侧时，如何进行双人拦网。但是如果对方传高球至球网中间时，则应使用三人拦网进行防守。此时，中间拦网队员要根据对方攻手的助跑判断位置，迅速移动到攻手面前，两侧的拦网队员则应使用前文所提到的步法和手部姿势，快速向中间移动，靠近位于中间的队友（如图5.13所示）。然而有些球队在对方如此进攻时，选择非三人拦网，则是为了确保充足的后场防守力量，防止对方通过抹球等方式，将球打到己方后场得分。因此，在决定选择哪种拦网方式时，要注意思考对方攻手可选择的进攻方式有哪些，从而据此来选择恰当的防守方式。

图5.13 三人拦网

网前对抗

当球位于球网上方，且双方队员同时试图击球时则会发生网前对抗。由于此时场上存在三股力量，即球自身运动的力量、对方的力量和自己的力量，因此在这种情况下，队员处理起来十分棘手。以下几点是在这种对抗中取得胜利的关键要素，以及确保一些队员在比赛中稳定地发挥自己的力量所应使用的技巧：

- 要比对方更加强大。使出全力击球，防止球被对方击打至本方场地。
- 击球时要比对方稍晚一点。在网前对抗时，第二个击球的队员通常会赢得该球。这是因为后击球的队员蓄力时间更长，力量更大。而且对方之前作用在球上的力已经消耗了一部分，更容易被抵消，从而改变球的运动方向。
- 击球时适当调整角度。利用手腕的力量将球击向左侧或右侧，增加对方防守队员救球的难度。

擅于进行网前对抗可能在每场比赛中只会帮助自己的球队赢得寥寥几分，然而，这会使队友充分相信你能够处理好离球网较近的球，因此可以放心地将球传至离网较近的位置，组织更快速的进攻。

拦网策略训练1　俄克拉荷马训练（扣球与拦网）

这项训练是根据俄克拉荷马大学所发明的一对一足球训练而得名。本训练为两人一组，负责拦网的队员要对拦网的角度进行调整，负责击球的队员则要尽力使自己的进攻不被拦击。

将球场从中间分成左右两部分，参加训练的队员站在同一侧（如图5.14所示）。负责进攻的队员需朝着对面球场自抛自扣，而负责拦网的队员则站在对面，在其抛球后，移动到正对着对方的位置，进行拦网，同时要根据对方的动作，调整自己的拦击路线。一开始，攻手可以将球击向拦网球员的手臂，来检验其力量和技巧，而后则应尽量避免自己的进攻被成功拦击，并让球在训练区域内落地。在练习10次后，两人互换角色，继续练习。

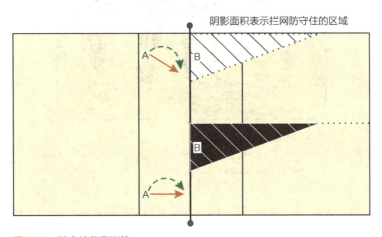

图5.14　俄克拉荷马训练

增加难度

- 攻手在抛球时故意变换球与球网间的距离，给拦网队员把握恰当的拦网时机增加难度。
- 攻手在进攻时给球增加旋转力量，使拦网队员难以正确预测球的飞行轨迹。

降低难度

- 攻手朝拦网队员的方向扣球进攻。
- 抛球时，将球抛向距离球网较近的地方。
- 攻手缩小攻击的球场范围。

成功的关键

- 注意观察攻手的动作。
- 使自己正对攻手。
- 落地时保持两臂伸直，身体面向球场。

给自己的训练打分

成功拦网一次加2分，攻手将球击入无防守区域加1分（共10次）。

得分 ____

拦网策略训练2　前排对前排训练

本训练的目的在于使拦网队员面对多名攻手时，能够认清形势，更好地拦网。球场两侧分别有4名队员，其中3名位于前排，1名二传手位于后排。教练或其他队员将球抛向A侧的二传手，该队员将球传给位于前排的队友，令其进攻。B侧队员则要试图进行双人拦网。然后，B侧的队员退回到10英尺（3米）线处，改由B侧队员进攻，A侧队员防守。如果一方成功进行双人拦网，且队员落地时均可保持身体平衡，则该方得1分，率先得到10分的一方获胜。最后，分别给将球成功扣在对方球场（不包括慢速球）的攻手，以及成功拦网的队员各加1分。

增加难度

- 要求攻手尽量避开对方的拦网。
- 要求攻手在比赛中进行跑动（在本书第7章中有详细解释）。
- 加快训练速度，在球被攻手击出后，迅速抛出下一球。

降低难度

- 要求攻手向拦网队员方向进攻。
- 减慢训练速度，给队员们更多的过渡时间。

成功的关键

- 观察对方二传手的动作，并预判二传传球的方向。
- 进行双人拦网时尽量与队友髋部相接。
- 注意观察攻手的动作，而不是球。
- 落地时保持身体平衡。

给自己的训练打分

本队获胜=10分
对方球队获胜＝本队所得的分数
得分 ____

拦网策略训练3　对抗回合训练

　　双方队员分别在球网两边初始位置站好，并做好比赛准备。教练将球抛到球网上方，令前排队员直接进攻，双方进行网前对抗。对抗失败的球队如果保持排球未落地，则该回合正常继续。3个回合后，两队的前排队员均有机会进行了网前对抗，则与后排队员更换位置。尽量将身高差不多的队员安排在球网两边进行对抗。

增加难度

- 教练抛球时，将球抛向远离球网的位置，令拦网队员自行决定应该直接对抗还是将球传给二传手。
- 教练突然将球抛向后排队员，以此来检验球队的防守能力。

降低难度

- 教练将球抛到距离球网较近的位置，令前排队员更易把握时机。
- 教练在抛球前告知队员将会把球抛向哪一侧。

成功的关键

- 击球时注意调整角度。
- 比对方稍晚一些击球。
- 击球时，要比对方更加有力。

给自己的训练打分

己方球队赢得的回合数更多 =10分

对方球队赢得的回合数更多 =5分

得分 ____

本章小结

　　拦网或许不会令自己的球队直接赢得很多分数，但正确的拦网能够降低防守的难度。充分观察场上的情况并进行预判，使用恰当的步法，手掌有力且正对来球，以及落地后自身的平衡，这些都是建立强大的拦网体系所不可或缺的因素，同时也能够让本队负责垫球的队员根据你的动作来预测之后的情况。由于拦网球员的手离对方攻手的击球点越近，拦网越有效，因此拦网时要始终注意将手伸向对方球场的区域。然而在双手无法越过球网时，仍然可以使用有效拦网的方法来削弱对方的进攻，提高本队防守成功的概率。当你对于自己的拦网技巧很有信心，并能够在本章训练中得分超过60分，则可以继续学习下一章关于垫球的内容。

拦网技术训练

　　1. 与队友一同进行拦网训练　　　　　　　　　得分（满分10分）

　　2. "盲拦"训练　　　　　　　　　　　　　　得分（满分20分）

　　3. 外侧拦网训练　　　　　　　　　　　　　　得分（满分15分）

拦网策略训练

　　1. 俄克拉荷马训练（扣球与拦网）　　　　　　得分（满分20分）

　　2. 前排对前排训练　　　　　　　　　　　　　得分（满分10分）

　　3. 对抗回合训练　　　　　　　　　　　　　　得分（满分10分）

　　总计　　　　　　　　　　　　　　　　　**得分（总分85分）**

第6章

垫　球

扫码立即免费领取10个
排球传球基础训练方法

在拦网队员无法拦击对方的进攻时，就需要后排队员进行防守，防止排球直接落地。排球最吸引人的魅力之一就是力量与技巧相结合，而垫球技巧恰恰能够表现这些特色。高效的后排防守需要速度、平衡、进攻性和技巧；防守队员们必须在面对速度高达70英里每小时（约113千米每小时）的扣球时，能够鱼跃救球，且在击球后直接跌落在地板上。想要成为一名优秀的后排垫球队员，不仅要掌握卓越的垫球技术，充分理解队伍的防守计划，更需要有勇气和动力。作为后排防守队员，可能不会像队伍中出色的攻手一样，得到那么多的赞美和荣誉，但他们对比赛的重要性和影响程度始终是毋庸置疑的。在本章内容中，我们会从不同的方面来介绍垫球技术，以及从后排不同位置进行垫球时会遇到的困难。

垫球技巧

成功的垫球需要爆发力、有力的准备姿势、迅速的移动步法，以及控制动作的能力。但同时，观察对方的动作并预判其意图也十分重要，不可忽视。每一位攻手在击球时，都会有一些细微的动作泄露出他的意图。因此，随着经验的积累，你也能够根据一些细微的差别，来判断出对方的进攻目的。与此同时，对以下几点内容进行充分的练习，能够帮助你在比赛中反应迅速，赢得主动权。

准备姿势

后排防守队员在垫球时应移动迅速且反应果断。首先应站在便于活动的防守位置上，尽量降低身体，并保持警惕（如图6.1所示）。一般情况下，在准备时最好面向对方攻手。此时，右脚在前，身体重心置于前脚掌的拇指根部，屈膝，弯腰，使肩膀、膝盖和脚趾位于同一垂直面上。肘关节弯曲，拇指向后伸，使手掌面向对方。这个姿势可以使球员迅速向球的方向

105

移动，同时伸展手臂进行垫球；也可以在来球直接飞向自己时迅速做出反应，进行防守。

1. 重心降低。
2. 身体面向攻手。
3. 两脚前后开立，右脚在前，两脚距离与肩同宽，身体重心置于前脚掌的拇指根部。
4. 屈膝弯腰。
5. 肘关节弯曲。
6. 将手掌朝向对方方向，拇指向后伸。

图6.1 垫球基础准备姿势

错误

身体面向自己传球的目标方向。

更正

合格的防守队员会保持身体面向来球的方向（发球队员或者攻手），而后通过调整自己的手臂垫击面，改变球的轨迹，将球传向目标位置。如果在一开始面向目标位置，则会在一定程度上降低自己垫球的质量。

移动步法

防守队员移动步法主要是针对两个目的。第一个是让队员能够迅速移动到正确的防守位置，第二个便是追球。当从一个防守位置移动到另一个时，应选择快速小步移动，以便在球被击出时停住脚步，且保持身体平衡。这是防守步法中最重要的一点。

即使来球恰好飞向自己所在的位置，也不能原地不动。此时应双脚分开与髋部同宽，右脚在前。当来球直接飞向自己而进行垫球时，双脚要稳踏地面。垫球时，很难保持住身体的平衡，而正是这种不平衡使得垫球存在着不可控性。

跳踏步（如图6.2所示）不仅是接发球时的基本步法，同时也是防守时的基本移动步法。首先摆好防守的准备姿势，降低身体，靠近球落地位置的脚朝球的飞行方向迈一步；接着快速跳向目标位置，同时注意控制起跳的高度，尽量横向跳跃而非竖直向上跳起；最后双脚同时落地，双腿分开，右脚比左脚稍稍靠前。

1. 首先放低身体，做好防守的准备姿势。
2. 预测来球的落地位置，并朝目标方向迈步。
3. 快速跳向目标位置。
4. 双脚同时落地，双腿分开，右脚比左脚稍稍靠前。

图6.2　跳踏步防守步法

有时，对方的攻击会因队友拦网而改变方向，则防守队员需要迅速冲向球的方向。在这种情况下，步伐应从小到大来加速追球。同时，在移动的过程中要始终保持身体尽量下蹲。这样在追到球后，不需要过多地调整自身动作，可以直接救球。

手臂姿势

垫球时，始终保持双臂伸直，尽量向外伸，便于迎接来球。用前臂垫球时，一定要保证垫击面的稳定（如图6.3a所示）。与一传相似，球员应自行控制自己的步伐和手臂姿势来垫球，使球能够传向目标区域。

如果无法及时移动到目标位置，不能在身前垫球时，则应将身体移向外侧，从而在体侧垫球。朝球的方向伸展双臂，双手紧握，拇指并拢，肩膀朝目标区域倾斜，使双臂准确伸入来球的下方，准备垫球（如图6.3b所示）。

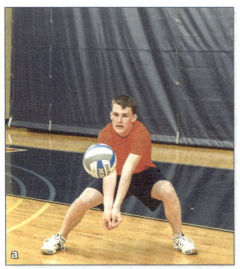

正面垫球

1. 伸展手臂迎接来球。

2. 使用前臂形成的垫击面击球。

3. 将球传向目标区域，将手臂摆动幅度控制到最小程度。

侧面垫球

1. 将身体向外侧移动，双臂伸直，伸向来球。

2. 双手紧握，拇指并拢。

3. 肩膀下压，靠近目标位置。

4. 使用前臂击球。

5. 将球传向目标区域，将手臂摆动幅度控制在最小程度。

图6.3　击球

　　由于扣球的速度很快，因此在防守扣球时，失误率要比接发球高很多。垫球和接发球最主要的差别就在于垫球的目标区域更大，离球网也更远（如图6.4所示）。所以，垫球时最重要的目的是能够令队伍有机会进行下一击，而不是追求完美的一传，进而全力进攻。另外，在垫球时弯曲肘关节，将球向上击出，能够确保自己的动作不会使球离球网过近（如图6.5所示）。

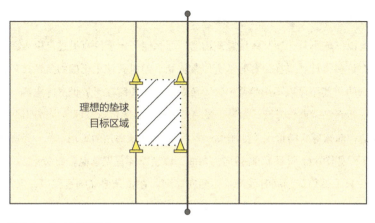

图6.4 垫球目标区域

图6.5 击球时弯曲手臂，将球向上击出

错误

垫球时摆动手臂。

更正

垫球时，要保持肩部发力，避免双臂摆动，使球直接反弹至目标区域，而非主动击球。如果手臂动作过多，则会导致球被弹飞。

鱼跃和翻滚

如果有人说排球不是一项身体接触式运动，那么他一定是没有见过自由人在球场上鱼跃救球。尽管有许多排球球员在比赛时都会佩戴护膝，但只要使用正确的鱼跃技巧，是不会对膝盖造成伤害的，甚至可以不用佩戴护膝。鱼跃垫球的关键在于放低身体重心，并在整个鱼跃垫球过程中始终保持重心降低。如果想要完成安全有效的鱼跃救球，应按照以下步骤执行。降低身体重心，向来球方向迈步（如图6.6a所示），脚落地后用力蹬地，另一条腿伸直，将垫球臂插到球下（如图6.6b所示）。膝盖向内弯曲，以便臀部首先着地。如果无法将双臂插入球下，则伸出一只手臂垫球，同时保持身体面向球网。在鱼跃垫球的过程中，保持下颌上抬，避免与地板接触。

要记住在比赛中形势瞬息万变，在击球后必须迅速站起身。由于在鱼跃垫球后，侧身着地，所以很容易以惯性向后翻滚一周后，双脚转至身下而起身站立（如图6.6d所示）。一些球员也会摆动大腿至肩膀上方，以便滚动至正确的姿势。而其他球员则会选择胸部翻滚，而后通过俯卧撑起身。无论选择怎样的方式恢复准备状态，都应该反应迅速，并做好下次击球的准备。

准备

1. 保持身体重心降低。

2. 用最靠近目标位置的脚朝来球方向迈步。

鱼跃

1. 脚落地后蹬地，另一条腿伸直。

2. 跃向来球。

3. 使用双臂垫击面垫球。

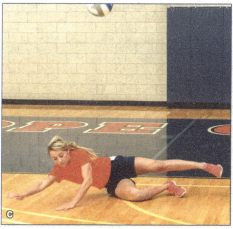

随球动作

1. 膝盖转向内侧。

2. 下颌上扬。

3. 臀部先着地。

翻滚

1. 向后翻滚。

2. 将双脚滚至身下。

3. 起身站起。

4. 恢复到防守准备姿势。

图6.6 鱼跃和翻滚

错误

许多球员只是简单地尽力跃向球。

更正

在向球跃出后，要确保自己先前迈出的腿完全伸直。这样能使你在鱼跃时向球的方向多移动2到3英尺（即0.6到1米）左右。

前扑垫球

当对方攻手将球直接击向自己双脚的前方时，很难做到在面对攻手的同时将身体重心放低来垫球，因此加大了防守的难度。在这种情况下，应将膝盖转向内侧，接近地面，而后完成前扑垫球（在使用该方法垫球时应佩戴护膝）。与此同时，肘关节弯曲，伸出前臂，便于将双臂迅速插入球下（如图6.7所示）。垫球后，膝盖与前臂着地。球则应按照飞来的方向，高高地反弹回去。

准备

1. 对方直接将球击向自己双脚的前方。
2. 膝盖转向内侧，接近地面。
3. 肘关节弯曲，伸出前臂。

垫球

1. 将前臂插入球下。
2. 垫球。

随球动作

1. 垫球结束后，膝盖和前臂着地。
2. 将球击向高处。
3. 击球后伸展全身。

图6.7 **前扑垫球**

上手垫球

当自己的防守位置离球网较近，而对方攻手又向后场进攻时，可选择使用上手垫球技术来进行防守（如图6.8所示）。保持身体面向攻手，移动至目标位置后，肩膀注意用力，准备击球。此时身体重心放在后脚上。因为传球时，手部力量没有手臂形成的垫击面有力，所以身体重心的转移尤为重要。在垫球的过程中，身体重心要从后脚移到前脚上（即从左脚移到右脚）。同上手传球一样，将双手举过头顶，拇指指向后方。对于上手传球和上手垫球，最主要的区别就在于腰部是否稳定。如果对方的攻击较轻，则可以使用第2章介绍的上手传球来将球传给队友。但如果对方的进攻很凶，则需腰部用力，保持身体稳定，双手手掌手腕用力绷紧，对准来球的后方。使用手掌根部击球，手指向后，将球向上空垫起。对方的进攻力量越大，上手垫球时

113

手部的力量也要越大，否则触球时会因为抵抗力不足，而导致无法将球传向队友。

准备

1. 面对对方攻手站立。

2. 移动到目标位置。

3. 将身体重心放在后脚上。

上手垫球

1. 双手举起至头顶，拇指指向后方。

2. 双手用力绷紧，手掌对准来球的后方。

3. 利用手掌根部触球。

4. 而后用手掌和手指击球。

5. 将球垫到空中。

图6.8 上手垫球

追球

在站立不动时，对于球的控制是最好的，因为这时身体平衡，重心可以跟随球的运动而转移。然而，在有些情况下，球员无法及时接近来球，并在击球前保持身体平衡。例如在处理抹球、拦网转向球或奔向球场角落的球时，则需要球员一边向球的方向跑动，一边用上臂击球。在这种情况下，要保持肩膀向下倾斜，快速跑向球，同时伸直双臂，将垫击面置于球下触球。触球后不要立刻停止跑动，因为水平动能能够转化为垫球轨迹的垂直高度，并能够帮助队员在整个运动过程中保持平衡。

错误

追球时，试图将球完美地传向球场中间。

更正

在本队还有两次击球机会的情况下，垫球时只需要将球向上垫起至空中。此时身后应会有队友跟上，将球击向对方场地。想要在任何情况下都能将球向后传至中场，需要很强的力量和技术，如果没有做到，反而会引起失误，使自己的队伍陷入更加棘手的境地。

垫球技术训练1　与队友一起进行垫球训练

与同伴一起站在球场的同侧。首先由对方向自己有意识地进攻，令自己分别完成正面前臂垫球、侧面前臂垫球、上手垫球，以及向前移动防守抹球。负责攻击的队员应将球接住，给队友恢复防守的准备时间，同时也确保自己抛球和进攻的稳定性。进行10次垫球后，双方互换角色，继续训练。

增加难度

- 队员在进攻时，故意向远离队友的位置进攻，来扩大队友的运动范围。
- 队员在进攻时，提高速度和力度，模仿强力扣球。
- 进攻队员事先不告诉队友其进攻方向。

降低难度

- 负责进攻的队员将球击向离队友很近的位置。
- 负责进攻的队员在击球时放慢手臂摆动的速度。
- 负责进攻的队员事先告诉队友自己的进攻方向。

成功的关键

- 完全伸直手臂。
- 在来球的下后方垫球。
- 将球击向目标区域，保持手臂尽量不要摆动。

给自己的训练打分

成功垫球一次加1分（共10球）。

得分 ____

垫球技术训练2　鱼跃垫球渐进训练

一开始，球员可能会认为鱼跃垫球十分可怕。本训练会帮助队员逐步掌握鱼跃垫球这项技术，使队员不会在鱼跃时受伤。护膝对于队员有所帮助，但并非必需。此外，还可以将袜子套在手上，防止鱼跃着地时受伤。

步骤1：首先将左侧膝盖支在地面上，右侧膝盖与地面成45度角。面对持球的队友。当球被击出后，伸展双臂，将膝盖转向内侧，顺势翻滚，并用大腿外侧和臀部着地。使用双臂形成的垫击面触球。而后增加难度，进攻队员将球抛向距离垫球队员稍远的地方，令其只能伸展一只手臂来垫球。练习5球后，双方互换角色，继续训练。

步骤2：双脚前后交错站立，右脚在前，臀部下降，就像已经迈出了一步一样。右侧膝盖弯曲，尽量降低身体重心。当球被击出后，伸展手臂，将膝盖转向内侧，顺势翻滚，大腿外侧和臀部着地。使用双臂形成的垫击面触球。而后增加难度，进攻队员将球抛向距离垫球队员稍远的地方，令其只能伸展一只手臂来垫球。在两个方向各练习5球后，双方互换角色，继续训练。

步骤3：首先做好垫球准备姿势，然后右脚迈一步，右侧膝盖弯曲，尽量降低身体重心。当球被击出后，伸展手臂，将膝盖转向内侧，顺势翻滚，而后大腿外侧和臀部着地。使用双臂形成的垫击面击球。而后增加难度，进攻队员将球抛向距离垫球队员稍远的地方，令其只能伸展一只手臂来击球。在两个方向各练习5球后，双方互换角色，继续训练。

逐步提高训练难度，负责进攻的队员由简单击球变为抛球，再变为吊球，然后大力扣球。

增加难度

- 队员在进攻时，故意向远离队友的位置进攻，来扩大队友的移动范围。
- 队员在进攻时，提高速度和力度，模仿强力扣球。
- 进攻队员事先不告诉队友进攻方向。

降低难度

- 负责进攻的队员将球击向离队友很近的位置。
- 负责进攻的队员在击球时放慢手臂摆动的速度。
- 负责进攻的队员事先告诉队友自己的进攻方向。

成功的关键

- 准备时尽量降低身体重心，使用深蹲式准备姿势。
- 尽力使用双臂形成的垫击面击球（而不是轻易使用一只手臂垫球）。
- 翻滚时注意将膝盖向内转动，使自己的臀部先着地，避免身体其他部位受伤。

给自己的训练打分

步骤1：成功垫球一次加1分（共5次）。

步骤2：成功垫球一次加1分（共5次）。

步骤3：成功垫球一次加1分（共5次）。

得分 ____

垫球技术训练3　跑动训练

队员们分组进行训练，每组人数为奇数。队员们在球场后场一个角落排成一排。教练站在他们同侧场地中的斜对角位置。而后，教练交替将球向斜前方抛向边线附近和端线附近，令队员跑动接近来球并垫球（如图6.9所示）。在垫球后，队员跑回队列的最后方，继续排队，等待下一次另一方向的练习。在每位队员进行10次练习后，队伍移动到后场的另一角，然后重复以上训练。

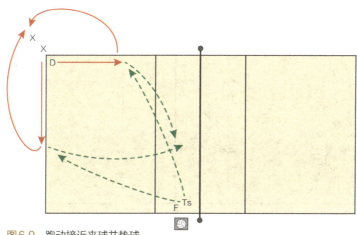

图6.9　跑动接近来球并垫球

增加难度

- 规定传球的数量，不可超过。
- 将球抛到距离队员较远的位置进行练习，令其防守更多的区域。
- 击球时速度更快，且排球轨迹更低。

降低难度

- 将球高高地抛向队员。
- 维持较慢的训练节奏。
- 将球抛到距离队员较近的地方。

成功的关键

- 在跑动接近来球时，注意保持身体重心降低。
- 将双臂形成的垫击面插入球下击球。
- 确保传球离球网远一些，避免直接过网。

给自己的训练打分

成功垫球一次加1分（共10次）。

得分 ____

垫球技术训练4　沿弧形线路垫球训练

本训练的目的在于提高队员们准确垫击来自侧面的进攻球的能力。负责进攻的队员站在网前的中间区域，面向位于端线的防守队员。进攻队员首先将球击至垫球队员的左侧，使其向左迈步，并于体侧垫球。而后垫球队员恢复准备姿势，继续在自己左侧垫球，直至移动到场地边线处（如图6.10所示）。而后进攻队员向垫球队员的右侧击球，垫球队员向右迈步，并于身体右侧垫球。重复练习直至移动到右侧边线处。然后两人互换角色，继续训练。

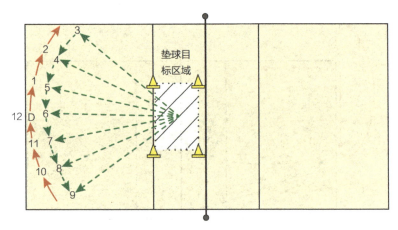

图6.10　沿弧形线路垫球训练

 增加难度

- 进攻队员击球时加快速度。
- 每次垫球时，增加队员需要移动的距离。

 降低难度

- 进攻队员击球时，放慢摆臂速度，降低垫球难度。
- 进攻队员将球击至垫球队员身侧较近的位置。

成功的关键

- 保持身体重心始终靠下。
- 朝球的方向迈步。
- 肩膀向前倾斜，使双臂能够插入球下。

给自己的训练打分

成功垫球一次加1分（共10次）。

得分 ____

垫球技巧训练5　上下垫球训练

　　本训练的目的是让队员能够顺利完成鱼跃垫球，并且可以正确处理各种不同类型的进攻球。进攻队员和垫球队员位于球场的同侧，其中垫球队员站在场地的中后方。攻手将球击出，令垫球队员进行鱼跃垫球。而后，垫球队员要立即起身准备下一次鱼跃垫球。如果垫球队员与进攻队员距离较近，则进攻队员应将球击至球场的斜后方，令垫球队员跑动追球。即使垫球队员不需要鱼跃，也必须着地，并在垫球后起身。

增加难度

- 负责进攻的队员缩短两球间的时间间隔，加快训练速度。
- 负责进攻的队员注意将球击至距离垫球队员较远的位置，扩大其防守区域。
- 负责进攻的队员击球更加用力，加快训练节奏。
- 缩小目标区域的面积。

降低难度

- 负责进攻的队员延长两球间的时间间隔，减慢训练的速度。
- 负责进攻的队员注意将球击至距离垫球队员稍近的位置，令其不需要移动太远。
- 负责进攻的队员击球时放慢手臂摆动速度，减慢训练节奏。
- 扩大目标区域的面积。

成功的关键

- 注意观察进攻队员击球时手臂摆动的动作，并以此来预测其进攻方向。
- 攻手击球时，身体保持平衡不动，做好垫球的准备。
- 即使认为自己接不到球，也要全力以赴尝试垫球。

给自己的训练打分

成功垫球一次加1分（共15次）。

得分 ＿＿＿

垫球策略

想要成为一名优秀的垫球手，不仅需要扎实的基本功，同时还要有敏锐的意识，能够清晰地了解场上正在发生以及可能发生的情况。而预判对方攻手的动作和意图的能力，则需要通过大量的练习和丰富的比赛经验来得以提高。

预判攻手

有些防守队员在比赛中到处施展鱼跃救球，十分引人注目，也令人印象深刻。然而，最优秀的防守队员几乎不采用鱼跃救球。因为他们能够提前预测球的方向，并提前向目标位置移动，做好击球准备，控制好自身的平衡和动作。这些队员对于预判对方的进攻意图十分在行，但就算是简单介绍这一项技能，也会有一本书那么多的内容。因此本书为排球的初学者们简要介绍了以下几点注意事项，来帮助初学者们预判攻手的进攻方向。

助跑角度

大多数排球攻手都倾向于向着自己助跑的方向进攻。如果攻手的助跑方向与二传方向成锐角，则一般会打斜线球。如果攻手的助跑方向是由场中至边线方向，则一般会打直线球。因此在防守时，注意攻手的准备位置与助跑方向，自己要移动到攻手助跑路线的延长线上。

二传的位置与拦网的关系

队友的拦网在网前形成了一定的防守空间，令对方攻手无法朝此方向大力扣球。当发现自己正处于该位置时，应移动至对方可能会选择进攻的区域之中，或能够及时防守越过拦网队员的抹球的位置上。

攻手助跑后的位置与球的关系

许多攻手在接近来球准备进攻时，便已经泄露出了他们的进攻意图。举个例子来说，如果一名攻手选择跳跃扣球，且排球落至离身体较近处时，那么大多数情况下，攻手会扣斜线球。但如果攻手助跑后位于排球内侧且离球较远，则只能选择直线球。

肘部动作

攻手通过高高举起肘部，用力摆动手臂，以便让自己的进攻迅速又充满力量。但攻手如果选择抹球，则必须在球的下方击球，才能不被对方拦网队员直接拦击。因此，观察攻手的肘部动作，也是预测其进攻意图十分重要的一个因素。当发现攻手的肘部向下，手掌移动到球的下方时，则说明她很可能会选择抹球，将球击至网前区域。

意向

然而，如果要考虑对方攻手之后的进攻意向，则不是通过观察对方球场现在正在发生什么来实现的，而是要在脑海中思考对方攻手在先前的比赛中已经尝试过哪些进攻方式。如果先前的进攻取得了成功，那么在己方做出相应调整之前，对方很可能会再次使用同样的策略。有时候，攻手只选用一种进攻方式。

对于排球新手来说，与有经验的球员相比，稳定掌握技巧和击球方法，比起预判比赛来说，要更加困难。最好的解决方法就是保持自己随时随地面向球场，并在准备击球时保证身体稳定，这样无论进攻球的方向如何，都能够及时做出反应。

错误

在对方攻手击球时移动位置。

更正

即使在已经确定对方的进攻方向后，也不要在对方击球时随意移动。因为对方攻手手腕的动作、击球失误或者己方的拦网都可能使球在最后时刻改变方向。如果此时再停住脚步，向新的目标方向跑动追球，很有可能会失败。

垫球目标

正如我们之前已经提到的，垫球队员会希望将球击至与接发球或接高球时不同的目标位置。垫球时，排球高些要比低些好，距离球网远些要比距离球网过近好，且最好将球击向中场而不是边线附近。完美的垫球则是将球击至高度15至20英尺（即4.6至6.1米），距离球网7至12英尺（即2.1至3.6米）处，且靠近球场中央位置。为了保持自己垫球的稳定性，在比赛时应牢记以下几点。

垫击直线球

当队员在边线处垫球时，注意身体正对攻手，内侧肩膀向下倾斜，以便将球垫击至球场中央（如图6.11所示）。因为队员通常既要负责垫击大力扣球，也要防守抹球，因此在准备时，应当选择能够迅速移动至网前且可以快速抬手进行上手垫球的位置和姿势。

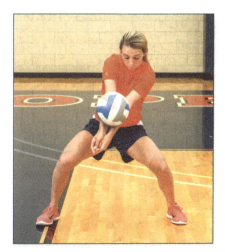

图6.11 当位于边线处垫球时，身体应正对攻手，同时内侧肩膀向下倾斜

补位垫球

位于球场中后方的防守队员在准备时，应将身体面向攻手，并在对方从球网两侧击球时，将内侧肩膀稍向下倾斜。同时，因为拦网可能会改变对方进攻球的方向，或攻手直接将球击至后场角落，所以补位垫球队员应始终做好移动准备，以便在以上情况下及时追球防守。

垫击斜线球

队员在防守斜线球时，需要同时面向攻手和目标区域，但这并不意味着垫击斜线球就更加容易。要确保自己始终面向球场方向，且要做好球被击至自己身前时进行前扑垫球的准备。

垫击无法拦网的球

队员在防守无法拦网的球时，基本上只负责防守两种特定的进攻球。一种是击至球场中央的慢速球，此时应使用前臂来垫球。另一种则是大力斜线扣球，应使用上手垫球技巧进行防守。无论防守哪种进攻，都要进行调整，尽量在垫球时将球击高一些，给自己足够的时间来完成整个动作，并迅速移动至进攻位置。同时，这样也确保了其他前排队员能够有效地进行调整。

错误

在准备防守时，自己所处位置距离球网太远。

更正

应站在距离球网大约12英尺（即3.6米）的位置准备防守。这样，即使击球时失误，靠近自己的队友也能够进行追球补救。但如果站在非常靠后的位置击球失误，则通常会将球击至队友无法及时补救的位置上。

共同承担责任

最薄弱的防守区域是两名队员负责的区域之间的结合部。当球被击至此处时，通常是由更靠近球网的队员来处理距离比较近的球，离球网较远的队员则处理距离较远的球。此时，两名队员都应当向来球移动，因为如果在明确弄清此球应当由谁来负责后再移动，一定来不及救球了。了解清楚每个人的责任，能够让队员更准确地分辨每个球应由谁来处理。

防守后场扣球和抹球

如何能在防守大力后场扣球的同时，也能够防守抹球，是安排防守时需要不断设法处理的一个矛盾问题。熟练掌握上手垫球的技巧，能够在防守抹球时减少跑动距离，从而扩大队员能够防守的范围。另外，要确保身体的重心始终位于脚前掌，这样即使在攻手击球时处于静止状态，也能够在球被击出后，快速反应并移动到相应的防守位置上。

垫球策略训练1　预判比赛训练

观看排球比赛的录像，可以通过暂停和慢放来观察发现球员们特定的关键动作。也可以在网上找一段排球比赛的视频，并在每次击球时暂停，仔细观察场上队员们的动作。通过全场队员的动作信息，来预测接下来比赛的发展趋势。例如，根据发球队员的身体方向来推测其发球方向；根据二传手触球位置来推测其传球位置；将二传和拦网队员的位置联系起来，推测攻手可能进攻的区域等。对10次击球进行评估并预测其结果。记录下自己预测的准确性。

增加难度

- 在早于队员击球前暂停录像，减少能够了解到的信息。
- 暂停后，不能再看屏幕，只靠自己的记忆来预测该球的结果。

降低难度

- 在队员马上就要击球时暂停录像，通过画面中的信息来预测该球的结果。
- 通过观察防守方的反应，来推断他们所预测的信息。

成功的关键

- 观察球员们动作惯性的角度。
- 观察球员们如何面向特定的方向。
- 注意球员们身体姿势与球的位置之间的关系。

给自己的训练打分

正确预测一次加1分（共10次）。

得分 ____

垫球策略训练2 重复垫球训练

本训练的目的在于训练队员垫球，如何在面对不同位置的攻手时，能够正确地向目标方向倾斜肩膀。本训练中包括3名垫球队员，分别位于左后方（LB）、中后方（MB）和右后方（RB），以及在另一侧场地中的2名攻手，分别位于网前左右两侧（分别为左前方的LF和右前方的RF）。攻手应按照以下顺序击球，使每位防守队员都能接到2位攻手的进攻球。

1. LF用直线球攻击RB。

2. RF向MB击球。

3. L用斜线球攻击LB。

4. RF用斜线球攻击RB。

5. LF向MB击球。

6. RF用直线球攻击LB。

按照以上顺序进行3轮练习，然后更换防守队员，继续训练。

增加难度

- 攻手在进攻时，将球击至距离防守队员较远的地方，扩大其防守范围。
- 攻手在攻击时加快节奏，模仿大力扣球。
- 在进攻时加入抹球或拦网后偏转方向的球，增加防守难度。

降低难度

- 攻手在进攻时，将球击至距离防守队员较近的位置上。
- 攻手在进攻时，减慢手臂摆动的速度。
- 缩小目标区域的面积，并让防守队员将球垫高一些。

成功的关键

- 降低身体高度，重心适当前移。
- 在攻手击球时，保持不动。
- 垫球时使用双臂在球下方触球。
- 所有被成功垫起且未出界的球均可算作防守成功。

给自己的训练打分

成功将球垫击至相应区域中=2分

成功将球垫击至场内=1分

得分 ____

垫球策略训练3 防守抹球、前臂垫球、上手垫球训练

本训练主要帮助球员练习如何防守3种进攻球。首先，攻手可以站在网前任意位置，防守队员也可以站在球场后排的任意位置。而后，攻手向防守队员连续进攻，并采用以下进攻模式：一次抹球，一次大力扣球，一次迫使防守队员使用上手垫球的大力扣球。3种进攻形式的顺序不固定，防守队员必须保持标准的准备姿势来进行防守。分别防守3种进攻球（抹球、前臂垫球、上手垫球）为1组，重复3组共9球，而后攻手再额外随机进攻1球。

增加难度

- 攻手加快进攻节奏，缩短防守队员的思考时间。
- 攻手可以在击球时利用假动作迷惑防守队员，让对方反应失误。

降低难度

- 攻手放慢进攻节奏，给防守队员更多的准备时间。
- 攻手在击球前告诉防守队员自己将要使用的进攻类型。

成功的关键

- 身体面向来球的方向。
- 迅速移动，靠近来球，将双臂插入球下。
- 保持肘部向内，手掌举起，便于快速地对进攻做出反应。

给自己的训练打分

成功将球垫击至目标区域内，加1分。

得分 ＿＿＿＿

本章小结

想要精通垫球技巧，需要反复训练、不断努力、无所畏惧。如果能在比赛中注意时刻做到放低身体重心，在对方进攻后迅速做出反应，将双臂插入球下，那么一定能够帮助自己的队伍保持比分，并为赢得比赛奠定基础。要重要的是，在比赛时不仅要注意观察预判对方的助跑路线以及手臂的摆动，同时也要注意本队防守队员的表现，这样才能让自己处于更合适的位置上来进行垫球。如果能够在本章的训练中得到65分以上，并且认为自己有能力有信心完成准确、稳定的垫球之后，就可以进入下一章团队进攻的学习。

垫球技术训练

1. 与队友一同进行垫球训练　　　　　　　　　　得分（满分10分）

2. 鱼跃垫球渐进训练　　　　　　　　　　　　　得分（满分15分）

3. 跑动训练　　　　　　　　　　　　　　　　　得分（满分10分）

4. 沿弧形线路垫球训练　　　　　　　　　　　　得分（满分10分）

5. 上下垫球训练　　　　　　　　　　　　　　　得分（满分15分）

垫球策略训练

1. 预判比赛训练　　　　　　　　　　　　　　　得分（满分10分）

2. 重复垫球训练　　　　　　　　　　　　　　　得分（满分12分）

3. 防守抹球、前臂垫球、上手垫球训练　　　　　得分（满分10分）

　　总计　　　　　　　　　　　　　　　　　　**得分（总分92分）**

团队进攻

现代排球比赛中的进攻方式，与足球中的快攻打法十分相似，通过利用不同的二传节奏和整个球网的长度，二传手在对方的拦网队员中寻找空当，给攻手创造进攻的机会。即使你没有达到专业级别，这项策略在各个等级的比赛中也都十分有效，而且让高水平比赛观看起来更加激动人心。本章主要介绍了进攻阵型和可能的二传变化，还介绍了队友们互相配合，如何利用二传使对方防守出现漏洞，以及球员在设计进攻策略时需要考虑的各方面因素。

进攻阵型

设计进攻阵型是为了给场上的每一名队员都指定其特定的任务。在某些情况下，比如家庭娱乐赛以及沙滩排球等比较随意的比赛中，队员是否分工明确并不重要。而在级别较高的正规比赛中，队员职责明确却是每一回合输赢的关键所在。在每一个位置上的球员都需要特别考量，因此无论前排队员还是后排队员，都有其专门的职责。在发球前，每名队员都应该在自己的轮转位置上，发球后，各自移动到前排或后排的特定位置中，准备防守和进攻。以下各种进攻阵型，是按照由简单到复杂的顺序来介绍的。其中每种阵型的第一个数字是指场上攻手的数量，第二个数字则是二传手的数量。

错误

围绕二传手以外的队员来设计队伍的进攻阵型。

更正

即使队伍中有极具优势的攻手，但仍然应当首先关注队伍中的二传手。在理想的情况下，每一回合都应当有二传手的参与。二传手不仅可以决定自己的击球方式，同时也有机会影响队伍的第三次击球。

6-6阵型

6-6阵型（如图7.1所示）是最基础的进攻配置，甚至几乎称不上是阵型。在6-6阵型中，场上有6名攻手和6名二传手（即每名队员都既是攻手又是二传手）。理想的情况下，根据队员们在场上的位置，会特别指定一名二传手。例如，当某名队员根据轮转顺序移动至前排中间位置时，则为该回合的二传手。在这种阵型中，每名队员都可以进攻和二传。因此一般推荐新手球员、临时比赛和12岁以下的儿童比赛中使用该阵型。

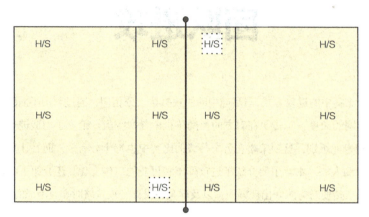

轮转至图中方块区域的队员做该回合的二传手

图7.1　6-6进攻阵型

当选择特定位置上的队员为二传手时，要考虑到背传的效率。如果背传十分困难，则应指定位于前排右侧的队员作为二传手较为有利，因为这个位置上的二传手能够将球传给其身前的两名攻手。如果队伍中至少有一人曾有过比赛经验，或具有优秀的控球技术，那么可以考虑指定该队员为本队的二传手。

4-2阵型

4-2阵型（如图7.2所示）包括4名攻手和2名二传手，2名二传手之间间隔2名队友。当指定的二传手轮转至前排时，根据其自身背传的能力，可选择移动到中间或右前方，做好二传的准备。前排另外2名队员则可作为左侧攻手（主攻），中间攻手或右侧攻手（接应）。

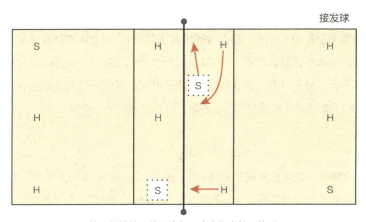

位于前排的二传手为每回合中指定的二传手

图7.2 4-2进攻阵型

与6-6阵型相比，4-2阵型的优势在于二传更加稳定，且有更多的机会专注于确定进攻击球的位置。然而，4-2阵型也减少了每名队员对于场上各个位置和角色职责的学习机会，尤其对于年轻球员来说，的确是一个弊端。

6-2阵型

6-2阵型（如图7.3所示）指的是6名攻手和2名二传手，即前排总是有3名攻手。在这种进攻阵型中，2名指定的二传手在轮转中如果处于前排，则负责进攻；如果位于后排，则负责进行二传。位于后排的二传手的基本位置在球场的右后方，这是因为此处最靠近一传的目标区域。

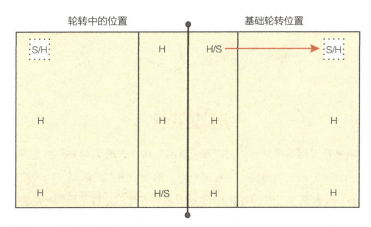

图7.3 6-2进攻阵型

6-2阵型最重要的优势在于，6-2阵型中虽然有3名前排攻手，但在防守时仍可灵活多变。如果一名二传手不是很擅长拦网，那么当她轮转至前排时，6-2阵型则有可能在右侧进行强力拦网。目前在高水平排球竞赛中，6-2阵型已经开始渐渐流行，但该阵型同样存在一个明显的缺点，即不同二传手对于比赛节奏的把握是不同的，因此对于攻手们而言，如果想根据不同二传手之间的细微差异来调整自己的进攻，也是很困难的一件事。

5-1阵型

在所有进攻阵型中最常见的便是5-1阵型（如图7.4所示），即场上有5名攻手和1名二传手，二传手无论轮转至前排还是后排，均负责二传。当二传手轮转至前排时，尽管前排只剩下2名攻手，但队伍也可以选择背飞进攻，或更加重视后排进攻。此外，前排二传的另一项优势则是在第二次击球时具有直接进攻的能力。一名敏捷的二传手能够将球传至球网高处，不仅为组织快攻提供了机会，同时也可直接二次进攻，这种可能性给对方防守造成了压力，导致对方出现拦网失误，反过来也为其他攻手创造了更多的进攻机会。

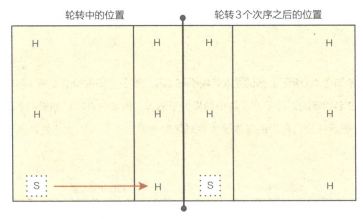

图7.4 5-1进攻阵型

进攻变化

多节奏进攻是指二传手利用不同高度和速度的二传，来避免对方成功完成稳固的双人拦网。为实现这一目标，最好的方法便是在进攻时，迫使对方拦网队员因二传的速度而跟随攻手一同移动和跳跃（跟进）。理想的情况下，所有前排二传的速度都应如此迅速，但随着二传速度的提高，失误的概率也同样会增加。折中的办法则是二传手向网前不同位置的3名攻手，采用3种不同的速度传球。3种二传速度分别为快速选择（即一速）、空当进攻（即二速），以及在出现失误时的调整传球（即三速）。稍后会介绍如何结合运用这些二传速度，但首先，让我们先分别了解这3种二传速度的概念和作用。

不同球队对二传的命名也不尽相同，同时适当的沟通和交流也很重要，这样可以确保攻手和二传手互相了解其意图。有些队员使用不同的名称、字母或手势来区别各种二传的节奏。为了方便介绍，在本书中使用两位数字来区分各种二传，其中第一个数字表示攻手在网前进攻区域的长度（从左至右），第二个数字则表示二传的速度（一速、二速和三速）。为了确保二传的稳定性，本书中将网前从左至右第6米处附近作为最理想的二传位置。

一速传球

虽然比赛中最快速的进攻就是二传的二次进攻，但一速二传组织的进攻也不相上下。一速二传指传球轨迹极平，且在某些情况下，二传手击球后直线飞向攻手击球的位置。这种进攻方式要求攻手在一传传球刚刚到达二传处便要开始助跑。理想情况下，应当在攻手已经起跳且手臂弯曲，准备好摆臂扣球时，二传手才用手击球，将球沿直线传向攻手能击球的范围内，而后攻手直接扣球。表格7.1列出了3种一速二传，方便读者进行练习。

表格7.1 一速传球说明

二传名称	说明	二传手应注意的事项	攻手应注意的事项
31	二传手将球传至左侧标志杆向右3米处的位置，由左侧攻手（主攻）或中间攻手击球进攻。为了准确把握击球时机，攻手应当在一传传球飞入二传手手中时离地跳起	在传球时，应将球平着击出，这样的话一旦攻手失误，未能击到球，排球也可继续飞向左侧。在这种情况下，球场左侧应有准备好的队员直接将球打过网	即使与助跑方向相反，身体也要始终面对二传手。向对方球场的右后方扣球，这样能够充分利用对方中间拦网球员和右侧拦网球员之间的空当
51	这是一速传球中最简单的一种。二传手将球传至中间位置，当二传手击球时，攻手应已起跳至空中	跳跃传球能够令这种一速传球的速度更快，并且由于排球在空中停留时间更短，可以减少失误的概率	不要离球网过近。因为攻手需要足够的空间摆动手臂击球，以突破对方的拦网
71	二传手立即将球传向自己身后，而后由中间攻手使用滑步，或由右侧攻手使用两步法助跑来扣球进攻。这种传球与51相似，但并不是向前，而是向后传球	如果攻手位于自己的右侧，则将球传向右侧区域。如果攻手位于自己的左侧，则将球传向中间	当使用滑步助跑时，注意要依据二传手的位置来选择起跳位置，跃向排球。如果助跑后移动至二传手身后，则可能使自己超过排球，从而限制自己的进攻

因为攻手和二传手需要互相信任且发挥稳定，因此一速二传具有很高的挑战性。但一速二传能够迫使对方中间拦网队员跟进这名攻手，这点十分关键。

错误

快速二传时排球轨迹弧度过高。

更正

要保证快速传球，以此令对方中间队员跟进。

二速传球

二速二传一般与一速二传相结合，在对方拦网队员中间形成空当时使用，以便己方攻手进攻。如果说一速传球是传球速度足够快，以使对方中间队员不得不跟进，令一名拦网队员来阻止攻手，那么二速传球则速度稍慢一些，但也足以让对方拦网队员难以及时收势，接近攻手。使用二速传球时，注意排球的飞行轨迹最高弧度不应超过标志杆的顶点，且可以传向网前任意位置。表格7.2列出了4种常见的二速传球。

表格7.2　二速传球说明

二传名称	说明	二传手应注意的事项	攻手应注意的事项
12	由于紧靠左侧网柱，即使没有一速传球作为诱饵，对方中间拦网队员也很难接近。攻手应在二传手击球后马上起跳	尽量不要将球传至离网过近的位置，尤其是从远离球网的某处进行传球，但还是要确保击球时自己的重心继续向前转移	将球击向对方左侧拦网队员与迟到的中间拦网队员之间的空当中。准备击球时，肘部抬高，便于在二传距离不稳定时，进行细微的调整
32	二传手将球传至距离左侧标志杆3米处的位置，由于位于左侧攻手的内侧，因此给其提供了不同的进攻角度，可以绕开对方的拦网。当球被传出时，攻手应立即起跳	由于不需要将球用力传至网柱处，因此击球点可稍稍向后一些，假装要进行背传，以此来迷惑对方	不要过早地慢慢移动至场内目标位置，以免提前暴露出队友二传的意图。在正常位置上等待，而后使用四步法助跑，迅速移动至目标位置
52	只有在一速传球很到位时，才会选择向球场中间进行二速传球。该二传主要是将球传给两侧的攻手	传球时注意不要让球离网太近，以免对方拦网队员能够快速反应。当位于两侧的攻手在自己斜前方时，在接发球时使用该传球方法	同32一样，不要过早暴露出二传手的意图。尽量多等一会儿，而后迅速助跑至目标位置，从而尽量减少对方防守队员的准备和反应时间
92	二传手快速背传至右侧标志杆处，由右侧攻手在距离球网2英尺（即0.6米）处，或中间攻手距离球网1英尺（即0.3米）处击球进攻。当球被传出时，两名攻手均应立即起跳	击球时身体要面向左侧标志杆，令对方中间拦网球员误以为要向前传球。传球必须要传到右侧标志杆处，使攻手能够以直线球来完成进攻	可选择直线球进攻，或向对方球场的左后方进攻，使对方拦网队员来不及拦击

后排进攻通常也作为二速传球的选择之一，因为即使一传不到位，也不会对后排进攻产生影响。在某些不利情况下，如果二传手距离球网10至15英尺（即3到4.6米），那么可以选择不太高的慢速挑高球来作为有效的进攻方式。当后排攻手接到二传时，应当注意对方主要拦网队员的位置，尽量向网前的空当处进攻。

三速传球

三速传球是当二传手处于不利位置时，应选择的调整式传球。三速传球的飞行轨迹最高点应超过标志杆的顶点，且水平移动距离应尽可能短，以便攻手可以清楚地意识到自己应移动至何处，并做好准备全力击球。通常情况下，这种传球会传给位于两侧的攻手进行进攻，避免被对方在球网中部组织的三人拦网所拦击（虽然有时即使在两侧进攻也会被三人拦网拦击）。同时，三速传球应比其他二传传球更加远离球网，且靠近球场中心区域，以便给攻手提供足够的空间绕开对方的拦网进行攻击。有时，这种二传也被叫作5×5球（因为理想的三速二传应当在距离球网和边线均5英尺，即1.5米处）。不过，只有在处境十分不妙的时候才可选择此方法。为了能够顺利击球，攻手在这种情况下应当移动至距离排球较近处，以便使出全力，击打排球的下方以避开对方拦网力量最强的区域。这种进攻球的目的不在于进攻得分，而是尽量给对方的一传增加难度，防止其一传到位，而且能够让二传手轻易将球传给三名攻手中的任意一名。此外，在这种情况下，攻手要注意的最后一个要点是进攻的风险，尽量避免击球出界或入网。

错误
三速传球离网或离球柱过近。

更正
三速传球应当将球传至距离球网略远的中场位置，且排球飞行轨迹应较高，以便给攻手提供足够的时间和空间完成击球进攻。

利用阵型进攻

当一传非常到位，二传手有多种选择机会时，本队赢得该回合的概率也会大大提高。那么，可以利用哪些策略来使本队获胜的可能性最大化呢？

两名攻手

当二传手轮转至前排，前排只有两名攻手时，需要使对方中间拦网队员跟随己方中间攻手一同起跳，或者向二速传球的攻手的反方向移动。表格7.3列出了一些选项。

表格7.3 当二传手位于前排时的进攻选项

左侧	中间	二传	策略
12	51	二次进攻	如果二传手能够给对方施加进攻威胁，且51传球足够迅速，则任意一名攻手进攻都只会面对单人拦网
52	31	二次进攻	31传球会让对方的中间拦网队员向左移动，同时右侧拦网队员会跑向中间，在球场中间形成一定的空当。虽然对方左侧的拦网队员会上前拦网，但二传手可吸引其注意力，降低其拦网成功的概率
32	92	二次进攻	具有进攻性的二传手与攻手的背飞进攻相结合，是最难防守的进攻方式之一。由于无法沟通交流，因此拦网队员经常会感到困惑，不知道应该防守二传手还是防守攻手。因此，有时二传手或背飞进攻的攻手面前没有一个人拦网！击向左侧的12传球如果速度足够快，一般都会避开对方的拦网

三名攻手

当二传手轮转至后排时，则可以综合运用一些令人激动的进攻方法。表格7.4列出了一些选项。

表格7.4 当二传手位于后排时的进攻选项

左侧	中间	右侧	策略
12	51	92	当在中间位置进行51传球时，应尽量将球传向两侧网柱处。这么做的目的在于迫使对方中间拦网队员随51传球一同起跳跟进。如果选择32传球或52传球，对方中间拦网队员可能有时间恢复准备，并与队友配合进行双人拦网
52	31	92	中间攻手与左侧攻手交叉跑动，会使对方拦网球员不得不互相交流各自应该负责防守哪名攻手。同时在球场左侧的动作吸引了对方的注意力，可能在右侧制造出空当，可使用92传球而后进攻
32	71	52	在球场中间进行快滑步71传球，会令对方左侧拦网队员和中间拦网队员迅速跟进。这样便没有拦网队员防守己方右侧攻手，而左侧攻手的对面也只有单人拦网
12	92	71	中间攻手与右侧攻手也可交叉跑动，右侧攻手可在距离球网两英尺处进行71传球进攻，而中间攻手则利用滑步移动至网柱处进行92传球进攻

阵型打乱时的进攻

在比赛中，一传并不总是完美的。事实上，一传不太到位的情况要更多一些，队伍的进攻阵型很容易被打乱。有时，一传会糟糕到只能寄希望于二传将球高高抛起至网柱附近（即上文中提到的5×5球），但大多数时候，二传手会介于完美和糟糕之间。以下介绍的几种方法则会帮助队伍在一传效果一般的情况下，仍然可以维持队伍的进攻阵型。

与中间攻手合作进攻

当一传传球位于网前右侧时，中间攻手则应向右移动，靠近二传手，进行51传球。当一传传球远离球网时，攻手应当向面对球网45度角的方向移动，并且在与球网和二传手距离相同的位置上击球进攻。例如，如果一传距离球网8英尺（即2.4米），则中间攻手应该移动到距离二传手8英尺且成45度角的位置上。显然，不可能有人用尺子来测量距离和角度是不是准确，关键在于51传球不是传向特定的位置，而是靠队友间的联系。一传传球离网越远，攻手离二传手也就越远。虽然击球的速度仍然保持越快越好，但是要记住排球有飞行距离，不可能以相同的速度飞行。

错误

当阵型被打乱后，位于中间的攻手过于靠近二传手。

更正

远离二传手，让自己正对着二传。这样能够有足够的传球和进攻时机。

反向回传

在排球比赛中存在着特定的节奏和趋势。有时当一传不够到位时，唯一能够迫使对方进行单人拦网的机会，便是试着将球向来的方向传回去。例如，如果一传使二传手移动至前场，则向后二传；如果一传使二传手移动至后场，则将球传向前场。对方拦网队员和垫球队员一般会着重观察二传手，并且会根据其移动方向，向同方向移动跟进。因此通过将球向回传，可以让他们出现防守失误。

将错就错

虽然二传手最重要的职责是传出可以进攻的球，但这并不意味着每次传球都必须完美无误。传球失误时懂得如何把握机会也很重要，尤其是在一传不够到位，二传手需要做出相应调整的时候。即使二传不完美，但二传仍然能够给攻手提供时间和空间来实施进攻。如果二传传球太靠近外侧，离网太近，球的飞行轨迹太低或速度过快，都会限制攻手的发挥。即使二传传球太靠近内侧，离网太远，球的飞行轨迹太高或速度太慢，仍然能够给攻手足够的机会全力击球进攻。

后排进攻

不要忘记位于后排的攻手，尤其是在队伍阵型被打乱的情况下，要让他们始终有机会实施进攻。因为后排队员离球网很远，因此后排进攻很难被对方拦网球员拦击。这意味着攻手能够充分摆臂，全力进攻，而不会像前排队员一样面临那么多的风险。

二传直接进攻

阵型被打乱有时是因为一传传球离球网过近，所有的二传手都尽力去救球。在这种情况下，比较有利的选择是让二传手直接在第二次击球时进攻。此外，当二传手离球网很近时，同样也可以直接进攻，因为多数防守队员都不会针对这种进攻做好防守准备。如果二传手即使离球网很近，也擅长将球准确地传至场中时，既然快速中传和向球场对侧的长传，在对方后排防守队员看来是相似的，因此，在不太理想的情况下，也可以发挥长项选择快速中传。

保护攻手

虽然关于后排队员如何向网前移动至攻手身后，对被拦击的球进行防守，确实应当属于下一章团队防守中的内容。但由于这种情况一般与进攻同时发生，因此在本章讲解这部分内容。正确的攻手保护能够在一定程度上减小因攻手全力进攻，而对方有效拦网导致丢分的概率。并且由于大多数拦网并未经过深思熟虑，因此保护攻手是处理对方拦网的有效方法。

做好保护攻手的准备姿势（如图7.5所示）十分简单。首先放低身体，越低越好，这样能够给自己更多的时间来对被拦击的球做出反应。其次，双手向外伸出，手掌向上，便于在需要向前冲时，还能够使用一只手击球。而后，双眼应向上看，并在球尚未被攻手击出时，便注意观察对方拦网队员的手部动作。将观察到的线索与攻手进行沟通，来指示攻手应该选择直线球或斜线球，还是直接向空当处进攻。同时，因为无法观察到己方攻手的动作，而有助于对被拦击回来的球做出快速的防守反应动作。由于排球飞行方向的改变十分迅速且很难追踪，因此只需关注对方拦网队员击球后球的方向即可。

图7.5 **保护攻手的姿势**

1. 降低身体。

2. 伸出手臂，手掌向上。

3. 眼睛向上看，注意观察对方拦网队员的手部动作。

尽管保护攻手的姿势十分简单，但位置的选择则十分复杂。保护攻手时如何选择有效而适当的位置，以下三点原则可以有所帮助。

1. 离攻手最近的后排队员是最主要的负责保护攻手的队员。对于右侧攻手（接应）来说，应该是由位于右后方的队员进行保护。主要保护队员应当移动至两侧攻手的后方内侧，或是中间攻手的正后方。

2. 离攻手最远的后排队员是后场保护队员。因为有时进攻被拦击后会直接飞向端线处。

3. 场上所有其他队员也都应该降低身体，正对攻手，做好下一次击球的准备。

当移动至正确的位置，也做好了正确姿势时，如果能够对拦击回来的球进行防守，要确保将其高高地击至球场中间。一传传球的轨迹应足够高，才能给队友足够的时间，从保护的准备姿势转变至进攻准备姿势。

137

错误

当二传手位于后排时，保护右前方的攻手有其特殊的难度。在大多数情况下，右后方的队员应负有主要的保护职责。但是当位于右后方的是二传手时，如果移动到攻手后方进行保护，则会打乱队伍的进攻阵型。二传手位于后排时，应主要保护右侧攻手。

更正

在这种情况下，中后方的队员应代替二传手担任保护攻手的主要职责，沿右侧边线直接移动至攻手后方准备保护。同时左后方队员应位于角落处，便于防守击向端线的球。

进攻时需考虑的因素

能够在恰当的位置上进攻，且清楚正确的进攻方向，只是完成了一半战斗任务。当继续深入了解排球这项运动之后，就会知道我们应该抓住对方给予我们取得优势的任何机会，以及如何决策方能得分多于对方。由于排球运动中有各种各样的技巧，因此能够在风险与回报中寻求平衡，对于最终的胜利来说就尤为重要。

攻防对应

在每局比赛开始前，整个队伍都应该寻求有利于自己队伍的拦网对应关系。在队伍轮转之后，可能会发现自己要防守的对方攻手比自己矮10英寸（即2.5厘米），此时应提醒二传手把握这种对应关系所带来的明显优势。在进攻时也是一样，如果本队优秀的攻手对应对方同样优秀的拦网队员，则应当选择能够让攻手移动至其他位置实施攻击的打法。例如，如果发现对方实力最强的拦网队员被轮转至前排左侧，而本队最强的攻手正好处于右侧，与之相对，那么应当令二传手向球场内侧使用52传球，来避免不利的对应关系。因为每次轮转都会出现新的对应关系，因此比赛时一定要注意对方球场上的情况，以便加以利用有利的攻防对应关系。

错误

根据身高来猜测队友和对方球员的技术。身高较矮的球员不一定拦网技术不好。

更正

利用经验、观察和统计数据来寻找对方防守的薄弱之处。

速度与成功

尽可能加快进攻的速度，或许能够在对方的拦网防守中制造空当，并阻止对方防守队员顺利进行二传。但同时，这样做也会付出一定的代价，快攻限制了对攻手有利的选项，且有时会导致攻手失误。如何能够在提高队伍进攻速度的同时，又不影响进攻的质量，二者需要充分协调。为了使攻手的进攻更有效，二传时将球稍稍击高一些是没有任何错误的。然而应记住，在提高一名队员效力的同时，可能会限制另一名队员的发挥。当你发现如果选择51传球，本队的中间攻手难以顺利击球时，可能会选择放慢速度。但是如果一速传球稍微减慢速度，则意味着对方中间拦网队员不必跟进。这样一来，无论本队哪名攻手进攻，都会面对对方的双人拦网。

正确的判断

永远不要在比赛中尝试自己还未掌握的技巧。虽然有时选择多节奏进攻是最好的方法，但这并不意味着一定要这样做。指挥一支球队时，如果不能仔细考虑技巧和风险的关系，那么可能会导致很大的麻烦。如果球队缺乏竞争力、技巧或对比赛的理解，那么就应当选择较简单的方法来完成比赛。然而，大多数球队都会选择稍稍超过队员们平均能力范围的方式，作为本队的主要比赛方式。

团队进攻训练1　5分制完整前排训练

球场A侧为3名攻手和1名二传手，球场B侧为6名防守队员，并且A侧二传手指定3种二传方式（与进攻相结合）。在教练将球抛向二传手之前，二传手应喊出自己选择的二传方式，让前排队员做好相应准备。进攻方要努力在对方的防守下进攻得分，如果成功，则队伍得1分。如果防守队成功救起对方的进攻球，但却未能进行反击（判断方法为进攻时攻手是否跳跃，手臂摆动是否完全），则两队均不加分。如果防守队成功拦网，或垫球到位，从而进行有效反击，则进攻队减1分。只加减进攻队的得分，这种记分方法叫拔河式记分。如果进攻队分数达到负5分，则防守队获得胜利；如果进攻队分数达到正5分，则进攻队获得胜利。而后每名队员更换攻防角色，以及在队伍中的位置，重新训练。注意每名队员需有两次以不同角色担任进攻方的机会（分别作为二传手和外侧攻手、外侧攻手和中间攻手、中间攻手和二传手）。

增加难度

- 增加进攻队可选择的进攻种类。
- 让进攻队员在进攻时使用假动作迷惑对方，且朝着自身面对方向以外的方向进攻。
- 每回合开始时，教练向防守队员扣球，迫使防守队员垫球，并对阵型做出调整。

降低难度

- 限制进攻队可选择的进攻种类（只有一名攻手可以得分，二传手不可直接进攻等）。
- 让攻手向其面对的方向进攻。
- 抛球时确保队伍阵型完整。

成功的关键

- 在每次进攻中都了解自己的职责。
- 攻手应在对方的防守中寻找弱点。
- 二传手应寻找对本队有利的攻方对应位置。

给自己的训练打分

进攻队获胜＝进攻队员得5分

防守队获胜＝进攻队员得2分

得分 ____

团队进攻训练2 "电椅"训练

如果对方防守队员已经知道会由哪名攻手进攻的话，又该如何扣球得分呢？"电椅"训练就是让攻手在只能由自己单独进攻得分的情况下，想办法赢得比赛。这需要攻手想办法避开对方强大的双人拦网。训练开始时，由教练将球抛向任意一方防守队员的附近。每个队伍只有一名指定的攻手，只有这名攻手可以得分。如果出现失误，两支队伍不加分也不扣分。率先获得10分的队伍赢得比赛，而后变换队员和各队员的职责。每名队员在本训练中都要成为一次指定的"电椅"攻手。

增加难度

- 每个回合开始时，教练直接将球向下击至防守队员的附近，而不是抛球。
- 使用不同种类的二传，让"电椅"攻手进攻。

降低难度

- 每回合开始时，教练将球轻抛向防守队员，使队伍保持阵型。
- 限制二传手能够选择的二传种类。

成功的关键

- 注意在进攻和防守时不同步法的过渡。
- 永远不要连续两次向同一方向进攻。
- 使用慢速球进攻，令对方的防守失衡。

给自己的训练打分

训练分数是作为"电椅"攻手时所获得的分数。

得分 ____

团队进攻训练3 连续保护训练

指定6名队员位于球场的一侧，在准备位置上站好。从球场另一侧抛球，令队员们进行一传、二传和进攻。在队员们进攻的同时，在攻手上方向下抛球，模拟攻手的进攻被拦网队员拦击，从而测试队员们的保护位置和姿势是否准确。连续训练，直至进攻入网，排球落地，或队员过于疲惫。这对于掌握阵型打乱时的技巧很有帮助。训练1分钟，记录连续防守成功的次数，以及进攻过网的次数。1分钟后，改变队员位置，继续训练。

增加难度

- 令防守队员注意过渡，且尽量使用快速传球进攻或组合策略，而不是单纯传高球。
- 增加队员们防守被拦网击回的球的难度（将球抛向队员间的空当、无人的区域，或攻手自己的前方，迫使攻手自己保护自己的进攻）。

降低难度

- 抛球给保护队员时，球速稍慢，且角度稍高。
- 为了训练连续进行，鼓励防守队员吊球攻击来降低风险。

成功的关键

- 准备保护攻手时，降低身体。
- 保持平衡。
- 注意观察拦网队员（即本训练中抛出的球），而不要注意攻手。
- 防守成功后将球高高击起，给攻手足够的过渡时间。

给自己的训练打分

连续防守并进攻6次及以上=10分

连续防守并进攻3至5次=6分

连续防守并进攻3次以下=2分

得分 ____

团队进攻训练4　前排队员与后排进攻对应训练

　　球场两侧各5名队员，其中3名后排队员，1名前排二传手和1名前排攻手。每回合开始时，教练将球抛向任意一侧，而后开始比赛。最先获得指定分数的队伍获胜（如果进攻击球失误则该队扣1分）。如果后排进攻得分，则该队加2分。在比赛时请使用以下对应方式：

- 左侧攻手对左侧攻手，二传手拦网（选项1，图7.6a）。
- 中间队员对中间队员（选项2，图7.6b）。
- 左侧攻手对右侧攻手，二传手位于右后方（选项3，图7.6c）。
- 中间队员对中间队员。
- 右侧攻手对左侧攻手，二传手位于右后方。

率先获得10分且领先对方2分的队伍获胜。

增加难度

- 每回合开始时，教练直接将球向下击至防守队员附近，而不是抛球。
- 使用不同种类的二传，让"电椅"攻手进攻。

降低难度

- 每回合开始时，教练将球轻抛向防守队员，使队伍保持阵型。
- 限制二传手能够选择的二传种类，让"电椅"攻手进攻。

成功的关键

- 准确接近来球，给自己更多的进攻选择。
- 如果二传距离球网过近，击球进攻时尽量远离拦网。
- 使用慢速球和假动作来使对方的防守失衡。
- 朝对方的二传手进攻，阻止其组织进攻。

给自己的训练打分

获胜的队伍得10分。

另一支队伍在比赛中获得的分数即为本训练的分数，最多不超过10分。

得分 ____

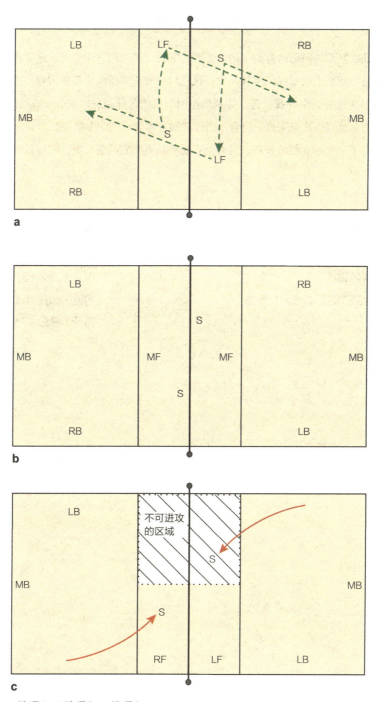

a选项1；b选项2；c选项3。

图7.6 前排队员与后排进攻对应训练

本章小结

　　将各种进攻方面的问题结合到一起，需要一定的交流沟通和注意力。这要求每名队员都要时刻关注整个球场上的情况，并且在每一次轮转中分析队伍的优势和劣势。正如同你一直致力于在球员对应关系中寻找优势，并利用不同节奏的传球和进攻来增加成功的机会一样。要知道，队伍总会有办法赢下这一回合。当你能够在本章的训练中得到25分以上，证明自己已经完全掌握了上文所介绍的技巧，且有信心组织从容稳定的进攻时，便可以开始学习下一章团队防守的内容。

团队进攻训练

1. 5分制完整前排训练　　　　　　　　　　得分（满分10分）

2. "电椅"训练　　　　　　　　　　　　　得分（满分10分）

3. 连续保护训练　　　　　　　　　　　　得分（满分10分）

4. 前排队员与后排进攻对应训练　　　　　　得分（满分10分）

　　总计　　　　　　　　　　　　　　　**得分（总分40分）**

扫码立即免费领取10个
排球传球基础训练方法

团队防守

关 于排球的团队防守，有以下三点基本原则：

1. 每个球的防守都是全体队员的职责。

2. 要不遗余力地阻止排球在己方球场落地。

3. 严格遵守自己的职责会得到队友们的信任。

第一条原则是对问题"这个球谁来负责？"的回答。在讨论团队防守时，有一个很常见的问题，如何根据队员们的位置来分配其负责的防守区域（例如，位于右后方的队员负责防守对方的直线球进攻）。尽管各队员负责的防守区域要加以区别，但归根结底，不让排球在己方球场落地是所有队员共同的责任。

第二条则强调了在防守时，队员应尽最大的努力，且防守也要具有进攻性。即使感觉自己够不到球，也要尽全力去鱼跃救球，或去冲刺追球。因为人的潜力是巨大的，只要努力，很可能会给自己以惊喜。即使没有接到球，队友和对方也都会尊重你付出的努力。

正如第三条原则的内容，清楚地了解自己所负责的区域并严格遵守，是防守中的基本职责。比赛中，如果没有按照指定的职责完成自己的任务（比如，防守对方二传手的直接进攻），就会导致其他队员为了弥补你不够尽责造成的失误，而导致队形被打乱。但如果能够严格要求自己，遵守自己的职责做好自己该做的事，那么队员之间能够互相信任，使团队配合更加高效。

随着对排球运动的理解逐步加深，也就能够逐渐掌握倒三角防守阵型、轮转防守阵型、三角（流动）防守阵型和中心防守阵型等团队防守方法，同时也能掌握根据不同的拦网策略调整球队的防守方式，以及了解如何高效利用自由人进行防守等其他提高防守效果的方法。

倒三角（边缘）防守阵型

击向自己身前的球要比在自己身后的球更易防守，这是倒三角防守阵型中最基本的概念。由于队员很少只防守某一种球（例如防守抹球），因此队员们可以自由地观察比赛场上所发生的情况，并做出相应的判断。同时，这种防守阵型十分灵活多变，能够对拦网技巧和防守进行调整。该阵型的基础站位为前排队员集中在一处或分散在网前，后排队员则形成一个倒三角型（如图8.1所示）。两侧防守队员（图中的LB和RB）主要负责防守对方二传手的直接进攻，中后方的队员则在端线处左右移动，负责防守后场球。

防守位于两侧的攻手

- 拦网队员：拦网队员可以选择进行直线拦网或斜线拦网。

- 直线垫球队员：当拦网队员进行直线拦网时，直线垫球队员应当向前移动，防守抹球。当拦网队员进行斜线拦网时，垫球队员应向外侧移动至边线附近，且尽量后撤防守。同时，也要注意向前移动，做好防守越过拦网队员的抹球的准备。

- 空当垫球队员：位于中后方的防守队员要观察对方二传与己方拦网队员之间的距离。如果二传直接在标志杆内侧越过了己方拦网队员，则中后方队员应当向边线跑动3至5英尺（即1至1.5米）。如果对方二传距离拦网队员较近，则中后方防守队员应当适当向左侧移动，准备防守斜线长球。如果对方二传距离拦网队员较远，则对方可能会选择越过或远离拦网队员的高球，此时中后方防守队员应留在球场中央，准备好追球防守。当拦网队员之间存在空当，则中后方队员应向前移动几步并做好防守中场的准备。

- 斜线垫球队员：当对方进行二传时，本队的斜线垫球队员应当从基础站位移动至球场边线处。垫球队员应距离球网13至15英尺（即4至4.6米），且外侧脚位于边线上，同时身体正对对方攻手的方向。垫球队员应迅速移动到此处，便于观察对方攻手的动作，预判其进攻方向，并移动至目标防守位置。除非根据攻手的手臂摆动或双脚位置能够判断其无法击球进攻，否则不能放弃该边线准备防守的位置。

- 其他拦网队员：如果队友选择进行直线拦网，那么与抹球（应由直线垫球队员负责防守）相比，更应当注意防守快速斜线球。此时，其他拦网队员应当向后移动至距离球网大约9英尺（即2.7米）（即刚好在3米线前方），且位于边线内侧5英尺（即1.5米）的位置上。如果队友选择斜线拦网，则其他拦网队员应当移动至边线内侧10英尺（即3米），且距离球网7英尺（即2.1米）的位置。这样，在有机会垫起快速斜线扣球的同时，还可以对球场中央的抹球进行防守。

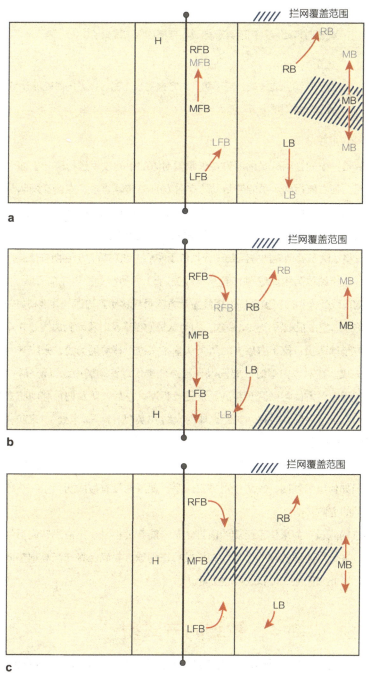

a对两侧攻手进行直斜线拦网；b对两侧攻手进行直线拦网；c防守对方中间攻手。

图8.1 倒三角（边缘）防守阵型

错误

观察对方动作并判断其意图时，未移动至边线处。

更正

提前移动到边线处，能够防守对方最易攻击的区域，同时能够让自己做好准备，防守更多的球。

防守位于中间的攻手

- 拦网队员：中间拦网队员的职责在于跟紧对方的中间攻手进行防守。如果本队选择集中拦网，则右侧拦网队员能够帮助防守对方的31传球进攻，左侧拦网队员能够帮助防守对方的51和71传球进攻。当对方二传手位于前排时，左侧拦网队员应当移动至二传手的对面，且距离中间队员一步之遥处，便于提供帮助。

- 左后方垫球队员：两侧防守队员（分别位于左后方和右后方）在防守来自对方中路的进攻时，最佳站位为距离球网15英尺（即4.6米）的边线处。当左前方队员进行拦网时，则左侧边线处为拦网覆盖范围，因此左后方队员应移动到边线处并准备好防守抹球。在边缘防守阵型中很难防守中路快攻，因为队员们很难及时移动到边线处并停住脚步。

- 右后方垫球队员：位于右后方的队员从基本站位上移动到场边，来防守对方二传手的直接进攻。在对方击球时，要确保自己停住步伐，背朝场中，以便进行有效的垫球。如果位于左前方的拦网队员帮助队友进行拦网，左后方队员向前移动防守抹球，则右后方的队员可以向场后移动（距离球网大约18英尺，即5.5米处），来防守对方可能击向区域1的长球。

- 中后方垫球队员：同防守位于两侧的攻手一样，中后方的防守队员能够观察到己方拦网队员如何组织拦网，来防守对方二传手。如果球没有被成功拦击，垫球队员应沿端线向球的方向移动。

- 空闲拦网队员：如果位于两侧的前排队员未能帮助拦网，则应迅速向后退一步，面向攻手，并做好防守抹球的准备。如果成功击到球，要确保将球高高地垫向远离球网的方向，以此来保证二传和进攻的质量。

轮转防守阵型

轮转防守阵型（如图8.2所示）给每名队员都指定了特定的职责。选择这种防守阵型时，队员会被指定各自的防守位置，这样就不需要再进行观察判断。此外，当对方显示出特定的进攻意向时，也可选择使用轮转防守阵型。

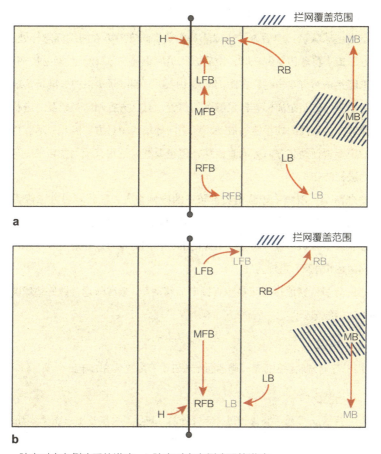

a防守对方左侧攻手的进攻；b防守对方右侧攻手的进攻。

图8.2 轮转防守阵型

轮转防守阵型的关键在于标志杆附近的拦网角度，以及当中后方队员轮转至两侧时，两侧防守队员要做好防守抹球的准备。在左后方队员移动至拦网空当（如果有）处时，斜线垫球队员和其他拦网队员要负责防守斜线球。在使用轮转防守阵型时，斜线垫球位置上的队员的动作需要十分迅速，这是因为其负责防守的区域很大。此外，防守对方二传手的直接进攻以及防守来自中间攻手的进攻的基础站位，与上文中提到的边缘防守阵型相同。

防守位于两侧的攻手

- 拦网队员：两侧拦网队员的外侧手臂对准攻手摆动的手臂，从而和攻手之间形成较大的角度（基本上位于区域6）。

- 直线垫球队员：与对方攻手同向的两侧防守队员从其基础站位向前迈步，直到拦网队员身后，以防守抹球。该队员应当做好准备防守落向场中的抹球，同时也能够准备边线处的防守或向球网处鱼跃救球。

- 拦网空当垫球队员：中后方的垫球队员要负责防守对方在两侧标志杆处的直线进攻。当对方二传手将球传至网柱时，中后方队员应跟随排球移动至边线处，并在本队拦网队员未能拦击对方攻击时，在距离端线10英尺（即3米）以内处准备垫球。因为在对方二传手将球传至距离标志杆足够远的位置，且己方拦网队员未及时进行调整的情况下，控球能力极强的攻手能够成功将球击向球场的中后方。因此，尽管拦网空当垫球队员的主要责任是防守对方的直线球，但也要继续运用其预判技巧来决定是否需要向内移动进行防守。

- 斜线垫球队员：斜线垫球队员负责防守的区域很大，在防守对方二传手的直接进攻时，应当从基础站位向内移动，位于距离球网约17英尺（即5.2米）的边线处。这样能够让斜线垫球队员做好防守长斜球的准备，同时也可以在对方攻手越过拦网队员将球攻向区域6时及时追球防守。

- 其他拦网队员：其他拦网队员应直接向后移动至3米线附近，做好垫球准备，防守对方的快速斜线球。

错误

在对方攻手因标志杆阻挡而无法进攻的区域准备防守。

更正

当对方二传手将球传过标志杆处时，攻手不可能击出直线球。因此中后方防守队员应当移动至防守斜线球的位置上。

三角（流动）防守阵型

对于边缘和轮转防守阵型来说，有一个共同的缺点，在这两种阵型中，位于基础站位的防守队员，如果要防守对方二传手的直接进攻，则必须朝二传的反方向移动。这种移动经常会导致队员在对方击球时仍处在移动状态中，或者来不及预判对方的进攻意图。对于这种缺陷的一种解决方法，便是改变边缘防守阵型中基础站位的三角形，让2名防守队员站在后场角落处，中间防守队员则向前站在接近3米线的位置上，来防守对方二传手的直接进攻（图8.3，3名队员形成一个正三角形）。

在这种防守阵型中，位于后场的2名主要垫球队员能够一直观察场上的比赛情况，因为他们只需要向侧方或前方移动。这种防守阵型的优势在于，防守对方二传手和攻手的进攻时，能够减少队员移动的距离。由于这种阵型并不常见，因此对于攻手来说，习惯了向边缘防守阵型中的薄弱区域进攻之后，很难根据新的阵型来做出进攻方向的调整。一般来说，拦网队员会选择进行集中拦网，来尽量避免对方向球场中后方击球。

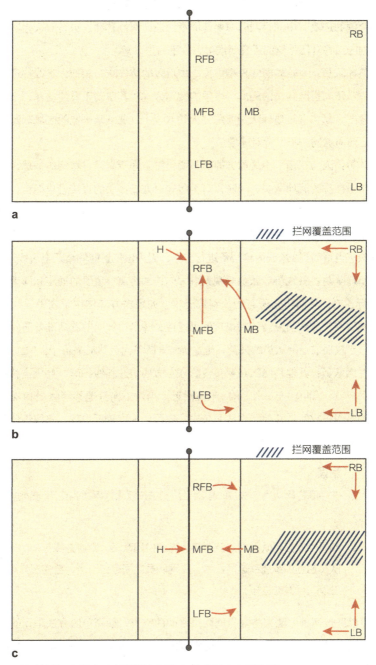

a基础站位；b防守对方两侧的攻手；c防守对方中间攻手。

图8.3 三角防守阵型

防守位于两侧的攻手

- **拦网队员**：在流动防守阵型中，最重要的一点是要阻止对方向中后方进攻，才能拦击来自两侧的进攻。中间拦网队员要能够灵活地向两侧移动，进行双人拦网。两侧拦网队员则应当将自己外侧的手臂对准对方攻手的击球臂。

- **直线垫球队员**：与轮转防守阵型中位于中后方的防守队员相似，直线垫球队员需要观察对方二传与拦网队员的距离、攻手的助跑方式和其摆动手臂的动作，来预判对方的进攻意图。每名直线垫球队员要防守大约10英尺（即3米）宽的区域。此外，必须确保自己面向球网，不可背对球场。

- **流动队员**：因为三角形中最前方的队员要负责防守所有越过球网的抹球，因此这个位置的队员被称为流动队员。同时，对于防守对方二传手的直接进攻而言，流动队员的作用十分重要，因此流动队员应当随着对方二传手的移动而向同方向移动。如果对方二传手向前或向后移动，那么流动队员也要随之移动。球一旦被传至两侧网柱处，流动队员应当移动到3米线内侧准备进行防守，因为该位置能够鱼跃至边线或中线处。

- **斜线垫球队员**：斜线垫球队员要观察对方二传的距离、攻手的助跑和摆动手臂的动作来进行预判，从而防守所有的长斜球进攻。如果对方二传位于攻手或拦网队员的内侧，则斜线垫球队员应当预判快攻的可能性，并沿边线向前移动准备防守。如果对方二传位于攻手或拦网队员的外侧，则建议防守队员向后移动来防守长球。

- **其他拦网队员**：其他拦网队员要负责防守对方的快速斜线扣球，并应当移动至距离边线2至3英尺（即0.6至1米）的3米线附近。当对方向其他拦网队员和斜线垫球队员之间的空当进攻时，其他拦网队员负责防守距离球网较近的球，斜线垫球队员则负责防守后场球。

错误

在中间拦网队员无法及时移动至两侧进行双人拦网时，使用流动防守阵型。

更正

如果中间拦网队员很难及时接近两侧拦网队员，则应选择其他防守阵型，或让队员加强训练提高这项技术。拦网队员之间存在空当，会使己方后场极易遭到进攻，且很难防守。

注意：可以通过两种方法来防守拦网队员之间的空当。最简单的方法是让斜线垫球队员向前移动5英尺（即1.5米），并从空当处观察对方攻手的动作，来进行预判。这样，流动队员便可专心防守抹球或因拦网而改变方向的进攻球。但是同时，这样做也暴露出了更多的空当，给对方进行快速斜线扣球提供了机会。尽管中间拦网队员会在拦网之后防守一部分区域，如果担心对方会选择快速斜线球来进攻，那么可以让斜线垫球队员继续之前的防守，而让流动队员向后移动，运用上手垫球技巧来防守区域6。

防守位于中间的攻手

- 拦网队员：拦网队员应当始终与对方中间攻手相对，来防守己方球场的中间区域。如果对方使用进攻阵型，中间拦网队员应尽力拦截对方中间攻手的进攻。无论对方攻手在何处进攻，中间拦网队员必须跟紧攻手并随之一同起跳。同时，中间拦网队员要尽可能多地击球，即使是将手伸向自己身侧，或降低自己的网前高度。这种拦网方式只推荐在流动防守阵型中使用，因为防守抹球和拦击方向偏移球的队员较其他防守阵型来说要更多一些。在这种防守阵型中，更容易防守因拦网队员拦击而改变方向的球，因此比起回报而言，这种冒险是值得的。

- 流动队员：流动队员应当位于拦网队员身后的3米线处。当队友在球网中间进行双人拦网时，流动队员应当向原来侧边拦网队员的位置处移动，与其他拦网队员一起承担防守抹球的职责，并注意防守场上更大的范围。

- 直线和斜线垫球队员如果能够预判对方的进攻方向，对于位于后排的两侧防守队员来说十分有帮助。一些中间攻手能够打出快速斜线球（攻击距离球网3.6至4.6米处的边线位置），而其他攻手只能攻向后场角落处。因此预判对方的进攻方向可以帮助自己做出决定，向前移动多远来进行防守。最佳的开始移动时机是对方二传手刚刚将球传向中间攻手的时刻，这时要尽快移动到距离球网6.1米的边线处。当攻手击球时，停止移动，即使此时位于拦网覆盖的防守范围中，也不要再继续向前移动。因为会有很多越过拦网队员的球，如果此时太靠前，则会在防守这种球时处于不利位置。

- 其他拦网队员：如果位于两侧的拦网队员无法帮助中间拦网队员进行双人拦网，则应迅速向后迈步，降低身体重心，做好防守准备姿势，以便防守拦网后方向偏移的球或抹球。流动队员应当准确区分向中间移动准备拦网的外侧拦网队员，与另一侧的其他拦网队员，以便迅速向相应的方向移动，准备好防守。

错误

在流动防守阵型中，拦网队员通过观察对方攻手摆动手臂的动作来进行预判，从而选择在某一特定角度上进行拦网。

更正

只需注意通过拦网来防守球场的中后方，而不要因为自己预判出对方的进攻方向，便按一定的角度起跳或向后跳。动作迅速的中间攻手的意图很难预料，同时还会将身后更多无人防守的区域暴露给对方。

中心防守阵型

在排球比赛中，大部分的进攻球会落在或经过中场区域。基于这一点，设计了中心防守阵型。在这种阵型中，将球队中的最佳垫球手安排在球场中间位置上（距离球网和两侧边线均为15英尺，即4.6米），并令其利用各种必要的垫球技巧，来尽可能多地垫球防守（如图8.4所示）。两侧防守队员则位于3米线前2英尺（即0.6米）、边线内侧2英尺处。前排拦网队员可根据对方中间攻手的威胁性，或其进攻的质量来选择采用集中拦网或分散拦网队形。

同流动防守阵型相似，在队员想要防守对方二传手的直接进攻时，不需要从基础站位移动很远便可做好防守准备。这样做可以减少队员们站错位置，以及减少在对方击球时仍处于移动状态的不利情况。这种防守阵型的一大优点在于它几乎可以凭直觉完成。如果要求3名排球新手根据自己的理解在后排进行防守，绝大多数队员会直接站在前排队员身后的位置上，在球场后排区域排成一排。同时，这也是一种比较被动的防守阵型，队员们在防守时几乎很少需要对对方的进攻进行预判。这是由于队员们已经被安排在排球最常落地的位置上，因此队员不需要有很高的排球智商也能够很好地防守住对方的进攻。但这也需要队员们移动迅速，且要始终坚持不懈地去追球防守。而这种防守阵型的缺点则在于会明显地暴露出己方防守薄弱的区域，队员们只能通过训练来尽量减少自身的弱点。

防守位于两侧的攻手

- 拦网队员：当利用中心防守阵型来防守对方两侧攻手的进攻时，场上防守最薄弱的区域便是球场后方区域1和区域6之间的空当。对于攻手来说，这种球的难度很低，但对于中心防守队员和直线垫球队员来说，这种球的角度防守起来就变得有些棘手。因此，当拦网队员在两侧进行拦网时，中心防守队员应随着对方攻手的手臂摆动，调整自己的位置，尽量与外侧拦网队员的身体对齐。

- 直线垫球队员：直线垫球队员从其基础站位处向后移动大约3英尺（即1米）的距离，与中心防守队员站成一排。直线垫球队员要负责防守对方的直线进攻，和被己方拦网队员拦击而改变方向即将出界的球。同时，该位置上的垫球队员要运用上手垫球技巧，防守击向球场边线内侧8英尺（即2.4米）内区域的大力扣球。

- 中心防守队员：通常情况下，中心防守队员都十分擅长垫球，因为这个位置上的队员要负责防守对方大部分的进攻。当球被对方二传手传向标志杆处时，中心防守队员只需将双脚和身体转向攻手的方向。直到对方攻手击球后，再根据球的方向移动到位。一个最佳的防守原则，便是要让队伍中最好的垫球队员来防守最多的球。因此大多数球落地或经过的位置便是中心防守队员的基础站位，这个位置对于虽无法迅速移动鱼跃救球，但却具有极强的控球能力和快速反应能力的高个子球员来说也十分合适。一

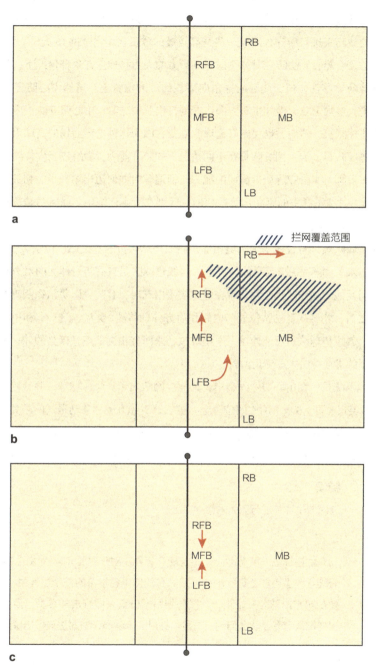

a 基础站位；b 防守对方左侧攻手；c 防守对方中间攻手。

图8.4 中心防守阵型

般来说，中心防守队员的基础站位，位于距离球网和两侧边线各15英尺（即4.6米）处，只是前后位置在某种程度上与球的身高有关。中心防守队员应当尽量使用上手垫球的技巧来进行防守，因此一些身高较矮的球员在距离球网15英尺（即4.6米）的位置上，可能会无法防守对方飞向球场后方的大力扣球。在这种情况下，该队员应当适当地向后移动，位于能够防守击向端线的球的位置上。虽然中心防守队员应全力防守绝大多数进攻，但如果对方向边线处打出长斜球时，中心防守队员应当注意配合斜线垫球队员。然而，也要做好追球的准备，因为这种击向后场的高球很可能会越过斜线垫球队员。为了训练队员在不同情况下的防守能力，教练应当安排队员们进行训练，着重练习本防守阵型中需要的能力，即追球时如何迈出第一步的相关技巧。这个训练与本书第6章中的跑动训练很相似，区别在于本训练中垫球队员是从球场中央向后场角落方向跑动追球。

● 斜线垫球队员：与直线垫球队员相似，斜线垫球队员的基础站位位于边线内侧2英尺（即0.6米）、3米线后2英尺的位置上。斜线垫球队员只需将身体面向对方攻手，不需要任何其他的动作。另外，只有在对方攻手击球时，且防守队员已经明确判断出进攻方向之后，才可从基础站位处向内侧和后方分别移动2英尺，这一点和中心防守队员相同。斜线垫球队员可能使用上手垫球技巧来防守击向后场角落处的球，但在防守其他类型的进攻球时主要使用前臂垫球技巧。

● 其他拦网队员：在中心防守阵型中，其他拦网队员负责防守抹球，并且应当位于距离球网5英尺（即1.5米）的中间位置上。虽然这看起来需要移动很远的距离，但是其他拦网队员是要负责防守边线附近，恰好越过拦网队员的抹球。同时，其他拦网队员移动这么远的距离到达球场中间，也是为了避免妨碍斜线垫球队员防守对方的长斜球。

错误

在对方击球前进行无关的移动。

更正

在开始追球前，要有耐心，不能随意移动。对于经验丰富的球员来说，学习中心防守阵型可能是最困难的。因为在他们排球学习的整个过程中，一直被教导要在对方击球前开始跑动，移动到目标位置并做好击球准备。但在本阵型中，这样做很容易让队员们站错位置，并且会令队员无法对进攻做出快速反应。

防守位于中间的攻手

● 拦网队员：同许多其他防守阵型一样，当对方中间攻手进攻时，双人拦网要比单人拦网有优势。尽管有时可能无法及时形成双人拦网，但也要尽量让2名拦网队员接近攻手，利用拦网防守与攻手同侧的后场角落区域。例如，当攻手选择使用31进攻时，由于拦网队员的防守，攻手无法向右后方角落处进攻。这样便能够为中心防守队员暴露出更多的区域，令对方攻向中心防守队员负责的区域。

- 后排垫球队员：所有的后排垫球队员都要保持在其基础站位上，直到对方击球、可以清楚地看到球路的方向时，才可移动至适当的位置准备防守。
- 其他拦网队员：其他拦网队员应当向后移动，准备防守对方的抹球。就算队员无法及时移动到目标位置，也要在对方击球时停止移动，放低身体，做好防守准备姿势，便于在球击向自己时，能够迅速做出反应进行防守。

根据不同的拦网策略调整防守阵型

随着比赛水平的提升，拦网对于一个队伍的防守也变得更为重要。在最高等级的比赛中，拦网对于比赛的胜负至关重要，然而在青年排球赛或娱乐赛中，拦网的作用要小很多（这是因为比赛中需要注意很多其他方面的问题）。提高拦网效果的一个方法便是根据队伍的拦网策略，来对防守的基础站位进行相应的调整。

让我们假设一下，如果比赛时发球权在本队，此时队伍中水平最高的拦网队员位于前排左侧位置，而对方最强的攻手也在其球场左侧，与本队身高较矮的右侧拦网队员相对。在这种情况下，如果要对防守阵型进行调整，则应让水平最高的拦网队员与右侧拦网队员交换位置（即使她更擅长左侧进攻和防守），以便能够让更优秀的拦网队员来防守对方力量最强的攻手。因为在本回合中，本队发球，在有机会组织进攻之前，必须先成功防守对方的进攻，所以才要优先确保前排的防守力量足够强大。另外，在己方获得进攻机会时，还要考虑如何变化阵型，是选择让左侧攻手（主攻）仍留在球场右侧，还是让她回到其最擅长的区域中。

另一种调整方法则是提前针对某位攻手进行防守。例如，如果对方左侧攻手（主攻）十分活跃，且己方中间拦网队员无法及时向外侧移动进行双人拦网，那么可以让中间拦网队员在对方进行二传之前便向左侧移动。如果对方二传手并未察觉到己方的意图，那么对方攻手将会受到更有力的双人拦网。而如果对方二传手察觉出己方意图，那么可能会选择将球传给其他攻手。虽然这样只有单人拦网，但对方的进攻效果会有所降低。

只有在队伍中具有随机应变能力的队员、可以在比赛中迅速做出相应的调整时，才可以使用以上方式来变换防守阵型。因此，在高水平排球比赛中，双方为获得优势，或为了应对对方的调整，而调整防守阵型和拦网策略是观看比赛的一大乐趣之一。

如何高效利用自由人进行防守

如同本书开头部分"关于排球这项运动"中所提到的那样，自由人最早是在1998年出现在排球比赛中，目的是用来减弱攻手们的优势，并延长一个回合的时间。自由人无须遵守普通的替换规则，因此可以让本队最好的防守队员在大部分时间内都留在后排区域。以下介绍几种方法，能够确保队伍将自由人的作用发挥出最大的潜能。

首先，要保证自由人是一名优秀的传球队员。在确定自由人的人选时，防守能力并不是唯一的判断标准。实际上，尽管增加自由人的目的主要是为了增强队伍的防守效果，但由于接发球质量的提高，自由人有助于团队进攻的作用也逐渐被人们所重视。改变队伍的接发球模式，让自由人位于中间，这样在接发球时，会降低队形被打乱的可能性。

其次，将自由人安排在防守任务最重的位置上。假设对方大部分的强力进攻均来自左侧，且队伍使用的是轮转防守阵型或流动防守阵型，那么自由人则应当位于球场的左后方。

如果队伍选择的是中央防守阵型，那么一般情况下，应当将自由人安排在球场的中心区域。而如果队伍选择的是边缘防守阵型，那么要根据该队员的技术能力来决定其位置，因为在这种情况下，以上两个位置都十分重要。当然，以上只是参考，总会出现例外情况。因此当选择其他安排时，要仔细考虑防守的基本原则。

当由二传手接发球时，那么谁来负责二传呢？以前，二传手在接发球时，通常会选择将球传给位于右侧的队友。而现在，二传手则会更经常地将球传给位于场地中央的自由人，因为自由人可以选择将球传给左侧或右侧的攻手。但要记住自由人只有在3米线以后的位置，才可以将球传给攻手。因为现在很多队伍都会将重点放在右侧的强力进攻上，所以让自由人进行二传，给阵型被打乱时的队伍提供了可靠的进攻方案。

在发挥自由人的作用时，不要顾虑尝试新的方法。大多数自由人都被安排在球场左后方位置进行防守，但并不意味着所有自由人都必须位于左后方。同样，大多数自由人都负责防守击向中场的球，但并不意味着所有自由人的职责都要相同。进行创造性的思考与变化，并不仅仅限于发挥自由人所具有的所有天赋和能力，还应该试图迷惑对方。本队中的自由人可能十分擅长防守被拦击的球，但由于自由人在边缘防守阵型中位于中后方的位置，因此并不是大多数进攻的主要防守队员。这时，可以将自由人移动至左后方，并改变队伍的防守阵型。或者，本队的中间攻手可能比位于左侧的队友更擅长防守，那么为了更加有效地发挥自由人的作用，可以让自由队员在队伍开始的3次轮转中负责防守中间区域，然后在之后的2次轮转中负责防守左侧区域。总而言之，虽然要了解前文中介绍的原则，但也不要将自己的思维局限于这些常见的策略之中。

错误

自由人传球违规。

更正

要记住，自由人不能在3米线以前的位置上使用上手传球将球传给攻手。因此，如果要避免这种情况，自由人应注意准确地使用前臂来将球传给攻手。另外，还要注意一点，如果自由人在3米线前用手垫击了对方的抹球，那么前排二传手不能在球网上空的平面内击球。

团队防守训练

以下训练均为6对6混战训练，其中包含每种防守阵型中大家普遍关心的问题，以及相对应的特殊调整和计分方式。

团队防守训练1　边缘防守阵型训练

由于边缘防守阵型最显著的优势便是其灵活性，因此队员需要练习如何根据不同的拦网，对自己的防守做出正确的调整。训练开始后，教练将球抛入球场，并喊出"直线"或"斜线"，来测试防守队员是否能够根据不同的拦网做出正确的调整。

增加难度

- 拦网队员自行决定拦网方式，而不是提前告知防守队员。防守队员需要自己观察判断，而后移动到正确的防守位置。
- 对方增加前排攻手进行进攻，而不是让教练直接将球抛入场中。
- 鼓励二传手在击球时直接进攻。

降低难度

- 攻手直接接住二传，来检查防守队员的站位。
- 指定进攻方向，并告知防守队员。

成功的关键

- 注意观察二传与拦网队员之间的距离。
- 在攻手击球时不要移动。
- 要分清自己的职责。
- 要尽全力阻止排球落地。

给自己的训练打分

每次正确调整防守站位得1分（共10次）。

得分 ＿＿＿

团队防守训练2　优势得分训练

两队均使用轮转防守阵型进行防守。开始时，先指定一名攻手进攻（例如中间攻手），如果防守队能够正确运用该阵型，防守成功得1分。另外，如果二传手可以使用合适的技巧，在保持身体平衡的前提下击球，则再得1分。而后继续下一回合的练习，由教练向另一方球场抛自由球。率先得到10分的队伍获胜。

增加难度

● 教练根据比赛中各队防守阵型和站位是否正确来分配分数。

降低难度

● 攻手直接接住传球，来检查对方的防守阵型是否正确，然后将球抛向对面场地，由对方继续完成训练。

成功的关键

● 注意观察二传与拦网队员之间的距离。
● 要分清自己的职责。
● 要尽全力阻止排球落地。

给自己的训练打分

获胜队伍中的队员得10分。
另一支队伍中的队员得分与比赛中所得分数相同。
得分 ____

团队防守训练3　空当防守训练

在本训练中，两支队伍的中间攻手不可参与进攻，这样便会在球网两侧留有空当。其中一队以自由球开始训练。防守队员需要做出正确的调整，成功防守对方的进攻，并且要保证己方二传手能够顺利传球。如果防守队伍成功做到以上几点，则可得到1分。而后停止该回合，换队进攻，继续训练。率先得到10分的队伍获胜。

增加难度

● 允许二传手将球传给前排任何一名攻手，包括中间攻手。
● 鼓励攻手通过向自身方向以外的其他方向进攻，或使用慢速球来迷惑对方防守队员。
● 在轮转防守阵型和边缘防守阵型之间进行变换。

降低难度

- 指定单一攻手来负责进攻。
- 让攻手仅向空当处进行直线进攻。
- 使用同一个防守阵型来进行训练。

成功的关键

- 当自己负责防守空当区域时，要迅速移动至空当附近，做好防守准备。
- 在对方攻手击球时不要移动，注意观察，并做好防守拦网偏转球的准备。
- 要竭尽全力阻止排球落地。

给自己的训练打分

自己所在的队伍获胜=10分
另一支队伍获胜=5分

得分 ____

团队防守训练4　三人防守训练

本训练由4名队员共同进行，其中1名队员位于网前，其他3名则在后场负责防守。训练开始后，教练将球击向1名防守队员，防守队员直接将球击回至教练的方向，并做好防守下一次进攻的准备。队员们需要根据自己的预判，从基础站位上移动到正确的防守位置，并在垫球后回到之前的位置上，恢复准备姿势。而攻手可移动至网前的任意位置。

增加难度

- 向防守空当区域处进攻。
- 增加1名二传手。
- 增加多名队员，做好准备，在不同位置上进攻。

降低难度

- 减弱进攻强度。
- 进攻时直接击向垫球队员。

成功的关键

- 在攻手击球时不要移动。
- 垫球时，将双手插入球下。
- 将球垫向目标区域内。

给自己的训练打分

每次成功垫球得1分（共10次）。

得分 ____

团队防守训练5　慢速球训练

在本训练中，每赢得一回合，队伍得1分，但如果利用慢速球获胜，则队伍能够额外获得2分的奖励分数。因为边缘防守阵型和中心防守阵型对于慢速球的防守最为薄弱，因此练习这两种防守阵型时，要使用上面提到的得分机制。率先获得10分且领先对方2分的队伍获胜。

增加难度

- 因为使用慢速长球进攻的风险更大，因此如果某队利用这种球获胜，则额外加分。
- 减少场上队员数量，每队5人，这样每名队员就需要防守更大的区域。

降低难度

- 使用轮转防守阵型或三角防守阵型来防守抹球。
- 无论是否赢得该回合，只要成功垫球一次便得1分。

成功的关键

- 保持身体重心靠前，做好向前移动追球的准备。
- 攻手击球时不要移动。
- 垫球时用双臂垫击排球下方，使球被垫起足够的高度，且远离球网。

给自己的训练打分

获胜队伍中的队员得10分。
另一支队伍中的队员得分与比赛中所得分数相同（最多不超过10分）。

得分 ＿＿＿

团队防守训练6　变换防守阵型训练

进行三局3分制小型比赛。开始时，由教练将球抛向场地任意一侧。其中每局中率先得到3分的队伍获胜。每支队伍在每局比赛开始前，均有机会变换其防守阵型。

增加难度

- 在小型比赛过程中使用手势来变换防守阵型。

降低难度

- 集中练习某一种或某两种防守阵型。
- 集中练习边缘防守阵型，只改变拦网策略。

成功的关键

- 根据防守抹球的垫球队员的站位，来推测对方当前的防守阵型。
- 确认哪些球被成功垫起，哪些球直接落地得分，以此来确定对方的防守阵型。
- 作为一个团队，队员们要互相交流各自的防守职责。

给自己的训练打分

自己的队伍赢得两场或三场比赛=10分

对方赢得两场或三场比赛=5分

得分 ____

团队防守训练7 比赛计划训练

两队分别告诉对方自己将要运用的防守阵型，并各自给本队指定额外的训练目标（即感觉己队应多加练习的技巧，例如慢速球、拦网防守、防守直线球等），完成目标能够获得额外的奖励分数。记录得分，率先获得10分的队伍获胜。

增加难度

- 提高获得额外奖励分数的标准。

降低难度

- 只记录额外奖励分数，正常比赛分数不计入训练中。

成功的关键

- 在阻止对方得到额外奖励分数的同时，尽力实现本队的目标来获得分数。

给自己的训练打分

获胜队伍中的队员得10分。

另一支队伍中的队员得分与比赛中所得分数相同（最多不超过10分）。

得分 ____

本章小结

高效的团队防守需要全部6名队员都能够完成自己的任务，并且互相信任。无论是作为拦网队员还是垫球队员，是负责防守抹球、大力扣球，还是负责追击被拦网改变方向的球或二传手的直接进攻，只要是进行防守，就必须严格要求自己，并付出足够的努力。尽管有时可能会出现预判错误，但这不是借口，在任何情况下，都要不遗余力地阻止排球在己方球场中落地。随着对本章所介绍的防守阵型和策略了解得越来越熟悉，便会自然地找到自己最喜欢的防守方式。然而，自己最喜欢的防守方式不一定也是其他队友们最喜欢的，而且也不一定适用于防守对方。因此，一定要保持思想上的开放性，且要学会随机应变。如果已经对于各种防守阵型和策略有了足够的了解，能够充分掌握其中的技巧，并且能够在本章的训练中获得40分以上，那么便可以进入到下一章，关于对抗赛的学习。

团队防守训练

1. 边缘防守阵型训练   得分（满分10分）

2. 优势得分训练   得分（满分10分）

3. 空当防守训练   得分（满分10分）

4. 三人防守训练   得分（满分10分）

5. 慢速球训练   得分（满分10分）

6. 变换防守阵型训练   得分（满分10分）

7. 比赛计划训练   得分（满分10分）

总计   **得分（总分70分）**

进行比赛

在此之前，我们已经介绍了关于排球比赛中各个方面的技巧和策略，而本章则要将它们都结合到一起。在本章中，你将会了解到如何组建一支球队，事先调查对方，以及如何设计比赛策略，能充分利用对方的弱点，同时隐藏自己的缺点。此外，本章还会介绍如何正确应对比赛中出现的各种情况（从组织热身到在比赛过程中叫暂停），学习解读技术统计数据，并根据数据来对比赛进行分析。

关于队员

在队员们上场比赛，努力赢得胜利之前，首先需要有人组建球队，安排阵型、站位和轮转次序，以及分配上场时间。以上这些事务可以指定一名教练来负责，也可由多人组成的委员会来决定。无论由谁负责，都要对相关的原则有全面深入的了解。虽然不能确保一定会取得成功，但以下关于队员方面的建议，能够在一定程度上增加成功的可能性。

组建一支球队

假设你要负责组建一支球队来参加排球锦标赛或者排球联赛，那么为了创建一支有竞争实力的排球队，需要考虑哪些重要因素呢？应当如何决定每名队员在队伍中的位置和职责呢？以下介绍了在挑选队员时可以用来参考的几个条件。

身体素质

由于排球是一项需要用手将球击打过网的运动，且排球球场的面积也相对较小，因此队员们的身高会造成各种差异，对比赛有很大的影响。一般来说，个子较高的队员能够击打更高的球，且用时也更短。而且，身高较高的队员臂展也更长（身高相差2英寸即5厘米的队员，通常臂展长度会相差4英寸即10厘米），而这些都会产生多重影响。此外，在后场中，身高还可以体现为长度，这是因为高个子队员的四肢更长，可以防守的区域也更大。因此，对于排球队员来说，身高是一项重要的考察条件。

运动能力

作为一名排球队员，虽然身高很重要，但优秀的运动能力可以弥补身高上的不足。如果一名队员的垂直跳跃高度能够达到30英寸（即76厘米），而另一名身高比他高5英寸的队员垂直跳跃高度只能达到19英寸（即48厘米）的话，那么前者能够触碰到更高的地方，可以击打更高处的排球。虽然个子高的队员可能意味着能够防守更大的区域，但防守效果不一定比一名重心偏低、能够在场中迅速移动的队员更好。在排球这项运动中，最重要的是能力与技术、力量与速度、反应与耐力，以及优秀的运动技巧。

技术

本书先前介绍的训练，能够有助于队员更好地掌握高水平比赛所需的各项技能。学习排球的困难之一，就在于它与其他运动的共通之处相对较少。想要充分掌握发球、一传、二传、进攻和防守的各项技术，需要长时间努力练习。因此，在挑选队员时，要仔细考虑其擅长的技巧能够在队伍中发挥怎样的作用，这比一般的运动能力更加重要。

知识

虽然在邀请队员加入自己的队伍之前，不太可能测试每名队员的排球智商。但在选择时，一定要考虑队员的比赛经验是否丰富，对规则的理解是否到位。一般来说，对规则理解更透彻的队员会具有更高的专业水平，即使她在身体素质、运动能力和排球技术方面达不到平均水平，也可以凭借这一点成为一名合格的队员。

态度

在努力赢得比赛的过程中享受乐趣，并且始终保持积极的心态，应该是所有运动员的目标。在挑选队员时，要考虑到队员的性格和态度会给队伍带来怎样的影响，是能够提升队员们的情感投入，还是会对团队活力造成负面效果。比赛时，回合间的间隔时间要比在场上比赛的时间更长，而队友们的性格也会在这段时间里得到充分的展现。

安排队员位置

在决定每名队员各自的位置时，队员身上的某些特性会让他们比别人更加适合某些位置。当然，这不是绝对的，但这确实能够为合理安排队员们的位置提供帮助，避免将队员安排在错误的位置上。球场上的每一个位置都有其特定的职责，以下简单介绍球场上各个队员的位置及其职责。

队员位置和职责

二传手： 领导进攻的将军。

二传手必须充分了解比赛计划，并且知道怎样增加队伍进攻成功的机会。同时，二传手必须能够注意到整个球场上的各种情况。

左侧攻手： 能够将质量不佳的传球变换成有力进攻的艺术家。

一般来说，大多数二传都会将球传给左侧攻手。即使二传很不到位，左侧攻手也不会将球击出界。大多数普通攻手都既可以作为前排队员，也可以作为后排队员。

副攻： 任务很重的主力队员，但却得不到太多的注意。

中间攻手的职责包括在对方每次进攻时，都要尽力配合两侧的队友进行双人拦网，且在己方二传手传球时做好一速进攻的准备。在观看高水平的比赛时，如果不看排球，只注意观察中间攻手的动作，就能体会到中间攻手的辛苦。

右侧攻手： 令对方放松警惕的魔术师。

右侧攻手有一项主要职责，运用强力拦网来防守对方优秀的左侧攻手，直接拦击对方的进攻或使其球速减慢。右侧攻手正在日益被人们所关注，因为右侧攻手能够利用不常见的进攻方式来给对方制造意外。对于防守队员来说，来自右侧攻手的进攻一般更难应对。由于很多右侧攻手都惯用左手，因此在击球时手臂摆动的方式与惯用右手的攻手不同，这便给防守队员增加了困难。

自由人（防守专家）： 对方的进攻与己方二传手之间的中间人。

自由人主要有三项职责：接发球、垫球和防守对方的进攻。一般来说，自由人还能够给球场带来激情和活力，提升队伍的动力，让队员们更努力地投入到比赛中。

错误

未将队伍中最优秀的队员安排为二传手

更正

二传手几乎能影响比赛的每一个回合，因此应当让队伍中最优秀的队员来担任二传手。虽然优秀的攻手会获得更多的荣誉，且大力扣杀确实十分吸引人，但是二传手才是队伍获胜的关键。

确定队形

在确定队伍的比赛队形时，应当考虑以下几点因素。队员按位置有所区分，轮转次序则取决于二传手的位置。指定位置和队员们的轮转位置两两相对，这样在轮转时，相同指定位置的队员，不会同时出现在前排或后排。比赛中，可以让替补队员替换场上的任意一名队员，但必须保持最初的轮转次序。当队伍选择使用6-2阵型时，二传手从区域1开始轮转，此时左侧攻手位于区域2，副攻位于区域3，而区域4中则是另一名二传手或右侧攻手。由于相同指定位置的队员必须两两相对，因此另一名左侧攻手应位于区域5，同样，另一名副攻在区域6（如图9.1所示）。在6-2阵型中，要特别注意攻手与二传手之间的配合默契程度。这是因为每位攻手（除了右侧攻手）都会作为前排队员经过3次轮转，其中有2次轮转会与一名二传手配合，而剩下的1次轮转则会与另一名二传手进行配合。

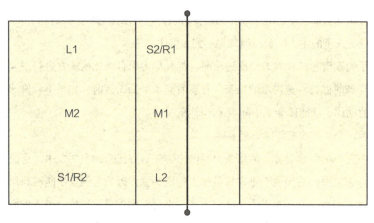

图9.1　使用6-2阵型时，当二传手位于区域1时，其他队员的位置

　　如果队伍选择使用5-1阵型，那么可以采用两种基本方式来确定队形。"中间带头"队形（如图9.2a所示），指当二传手位于区域1时，将中间攻手安排在区域6中的队形。而"左侧带头"队形则是当二传手位于区域1时，将左侧攻手安排在区域6中（如图9.2b所示）。这两种队形都是根据引导二传手的位置而得名的。"中间带头"队形在比赛中更为常见，这是因为在这种队形中，2号左侧攻手（图中所示L2）能够被顺利纳入接发球阵型中。通过合理运用轮转规则，可以创建许多特别的接发球模式，为队伍中最好的传球队员提供与攻手和拦网队员进行完美配合的机会。可以参考图9.2来思考设计队伍的接发球模式。

　　在大多数情况下，应将实力最强的中间攻手和左侧攻手安排在二传手的附近。这样做可以让二传手在位于前排的轮转次序中，最好的攻手也同样位于前排。但如果队伍中的中间攻手十分擅长背飞进攻，则需要重新考虑队形。即使她不是队伍里最优秀的攻手，也可以将其安排在M1的位置上，因为这个位置上的队员在一次完整的轮转中，有两次进行背飞进攻的机会，而M2位置则只有一次。

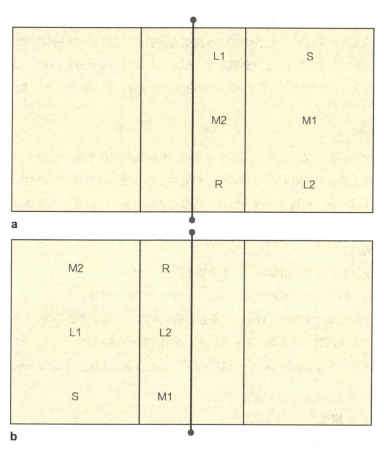

a "中间带头" 阵型；（b）"左侧带头" 阵型。

图9.2 使用5-1阵型时

错误

将队伍中最优秀的两名攻手安排在轮转次序相邻的位置上。

更正

如果将两名攻手安排在相邻的位置上，则会导致两名攻手互相争抢二传。因此，在安排攻手的位置时，要让他们中间隔开两个位置，或者安排在二传手的两侧。

开始轮转

由于比赛开始时的轮转位置会是整场比赛中持续时间最长的，因此在决定比赛开始的轮转位置时需要认真考虑。在大多数比赛中，队伍会进行3次完整的轮转。如果偶尔出现更多次数的轮转，则一定要确保自己的队伍使用成功率最高的轮转次序。许多队伍会选择直接从已确定的队形开始轮转，这样队伍里最优秀的攻手会从左前方的位置开始轮转。当使用5-1

阵型时，许多队伍会在一开始将二传手安排在场地的右后方，这样能够确保在前3个轮转次序中，前排为3名拦网队员。水平更高的球队则会统计队伍使用不同轮转次序时的获胜率，并在比赛时选择最佳方案。因此一定要慎重仔细地思考球队开始轮转的位置，以确保队伍得分的机会最大化。在排球这种两分便可以决定命运的运动中，每一分都尤为重要。

队员的替换

在比赛中更换队员能够提高队伍的专业水准，且给队员提供了休息的机会。在某些等级的比赛中，换人的次数被限制在12次以内，而其他比赛则没有这种规定。同时，除了奥运会之外，其他排球比赛中被替换下场的队员，均可重新换回场上。但有一点要注意，当一名队员替换了某个位置的队员后，那么在比赛结束前，都只能位于同一轮转次序上，不能再替换其他位置上的队友。

在以下情况中，正确运用替换，作为正常轮转的一部分：

- 比赛时，队伍中有一或两名队员明显不适合位于前排或后排；
- 当队伍使用6-2阵型，且后排二传手被轮转至前排，需要用攻手将其替换时；
- 队伍中有专攻拦网或发球，且在场上只负责特定任务的队员时。

此外，还可以在某位队员疲惫不堪勉力支撑，或想要阻止对方的得分势头时，考虑进行换人。

错误

在一名队员失误几次后，便将该队员替换下场。

更正

尽管比赛中的每一分都很重要，但在队员出现一两次失误后就马上换人，会影响队员们的心情。这不仅会让队员变得踌躇不定患得患失，还会使场上充满紧张气氛，不利于队员们的发挥。

调查研究自己的对手

大学排球队在比赛前都会对对方球队进行详细的调查，调查报告的内容包括大量的数据、表格以及对方的特点。因为一支队伍在不同的轮转次序下差别很大，因此这些调查报告通常会按照不同的轮转次序来分类，便于更准确地把握对方的特点。虽然对于对方的调查研究不需要太过复杂，但在比赛前尽可能多地了解对方，会对赢得比赛有很大的帮助。请注意，虽然在现阶段对你的队伍而言，运用以下介绍的信息可能有困难，但了解如何调查研究自己的对手，会让你更好地了解如何进行比赛，并取得胜利。

进攻和防守类型

首先要观察对方的攻防阵型。如果对方使用的是5-1阵型，则要进一步确认其二传手是否具有进攻威胁。如果对方使用的是6-2阵型，则要确认其二传策略，即二传手会在何种情况下直接接发球。如果发现对方的二号二传手不是十分优秀，那么要尽可能多地向右后方进攻。

同时，还要确定对方在比赛中所使用的防守阵型，便于寻找防守空当，并发现对方的弱点。任何一种防守阵型都不可能以同样的力量防守整个球场，每一种防守阵型都会有其薄弱之处。找到防守薄弱的区域，同时观察对方队员的水平高低，能够帮助攻手决定进攻的方向。

接发球模式

在每次轮转中，队伍都会认真地设计不同的接发球模式来扬长避短。如果能了解对方在各种模式下的目的，则可以更好地进行防守。将每种模式下对方攻手的位置和二传类型用图表的方式表现出来，加以研究，能够让己方拦网队员在比赛时更好地了解对方的意图，并帮助其决定是否需要跟进防守某位攻手，或者此时应选择哪种防守阵型会是最佳选项。

进攻倾向

在球场上的不同位置，几乎没有攻手能够以相同的力度和准确度击球进攻。大多数攻手都有其自身擅长的进攻方式，且在比赛中会倾向于采用这种进攻方式。给对方攻手的每次进攻做一个简要的表格，就能够发现该攻手更喜欢向何处进攻，以及什么样的进攻最有效。但要注意，这种有效性会因对方的不同而产生变化，对某支球队来说威胁性很大的进攻，可能在面对另一只球队时则会被成功防守。

错误
没有掌握全部的进攻方法。

更正
在比赛中使用多样化的进攻方式，能够防止对方将自己研究得很透彻，并据此使用相应的防守策略，来减弱己方进攻的有效性。

发球目标

尽管大多数球队都会有意让优秀的一传手来接发球，但场上总会有一个区域比其他区域更适合作为发球目标。发球队员在决定发球方向之前，应当先找出对方接发球阵型中水平相对较弱的队员。如果对方所有的传球队员水平相当，那么每次都应该向不同方向发球，给对方不同方位的进攻分别施加压力。举例来说，向1号区的方向发球，可能会令对方二传手向左侧攻手的传球不够到位，这是因为这个方向的发球，会给已经面向左侧标志杆摆好姿势的二传手带来压力。而向5号区发球则会令想要进行快攻的中间攻手很难配合一传，并及时进攻。如果发现对方攻手十分擅长跑动进攻，那么可以选择发短球，来压缩攻手能够跑动的区域。如果以上策略都不起作用，那么可以向距离端线3英尺（即1米）左右的位置发低轨长球，这样会给对方接发球队员向网前传球并组织快攻造成困难。

防守薄弱之处

找出对方防守中阵型和队员的薄弱之处，能够给本队的进攻提供更多的选择。如果发现对方某位队员的拦网或垫球技巧很差，那么攻手要充分利用这一弱点来进攻。如果对方正使用流动防守阵型，但中间拦网队员并不擅长向两侧移动进行双人拦网，那么己方外侧攻手就应当将球朝空当处击向区域6。如果对方二传手不擅长背传，则将本队左侧拦网队员的基础站位适当向右移动，便于在中间位置进行双人拦网。要记住，在比赛时每获得一分就意味着对方丢掉了一分，要充分利用对方防守的薄弱之处，来给自己赢得更多的得分机会。

通用策略

有一些策略对于大部分球队都比较有效。即使事先没有调查过对方球队，甚至在比赛前从未见过对方，可以使用以下几点策略来帮助队伍取得一定的优势。

向二传手方向进攻（即右后方）

迫使对方二传手接发球，通常会阻止对方进行中路快攻。这样己方拦网队员便可集中防守对方两侧的攻手，并且能够增加本队赢得这一回合的可能性。

向位于边线处的垫球队员进攻

作为斜线垫球队员要遵守的一项基本原则，便是在确定自己负责防守的攻手不会进攻之前，都要待在边线处。如果对方没有遵守该原则，那么其边线处则会成为极大的弱点。对于两侧攻手来说，这意味着应当选择快速斜线球来将球击向3米线与边线相接的位置上。

风险与回报

即使是一支优秀的球队也会有大约10%的球出界。这意味着只要尽力保证本队不将球打到界外，就有10%的机会赢得这一回合。因此不要仅仅为了让球更有攻击性，就去承担不必要的风险。要尽量迫使对方多失误，而自己则要保持稳定，避免因为自己的失误而让对方得分。

提前组织中间进攻和二传手直接进攻

即使不能直接得分，也要利用中路快攻和二次进攻来拖住对方的拦网队员，防止其提前移动至两侧准备拦网。这项策略可以帮助本队的中间攻手和两侧攻手，在进攻时顺利找到对方的拦网空当。

比赛管理

不同级别的排球比赛有不同的热身规定。要确保自己了解这些规定，同时也了解自身和队友的身体需求，从而确保队员们能够以最好的状态开始比赛。一般来说，环绕手臂、弓步运动、慢跑、跳跃、蹲起、屈体跳、伸展运动，以及俯卧撑等一系列动作，便足够热身并让身体做好练习的准备。尽管队伍只能利用一侧的球场进行练习，但是可以合理利用空间，进行两人控球练习，或者团队防守训练（例如第8章中的三人防守训练）。

大学排球赛在比赛前有两段热身活动时间。在热身时间内，每个球队都可以使用整个球场。大多数球队会在第一段热身时进行接发球练习，而在第二段热身时练习进攻。有些规则规定，只有在双方球队都在己方球场练习进攻时，才允许两队同时进行热身。在这种情况下，当需要在左侧标志杆以外的地方进攻时，要提前告知对方，并向对场没有攻手的区域进攻，避免打到对方队员。

在比赛过程中申请暂停，可以作为阻止对方的有利势头或为了己方获得优势而变换策略的一种方法。即使在排球娱乐赛中，队伍在每局比赛中也会有至少1次申请暂停的机会，但大多数队伍在每局会有2次暂停机会。因为在排球比赛中，队伍的势头很重要，因此早些叫暂停要比晚些好。此外，有数据表明，在一局比赛中率先达到16分的球队，获得本局胜利的概率要比另一队高很多，这也在一定程度上说明，暂停不应当留在一局比赛的末尾来使用。申请暂停后，不要给队员灌输过多的信息，或提供过于模糊的指示，以免队员理解有误；应当给队员不多于3条的简要指示或调整，指出本队或对方哪些方式比较有效，或者简单地设法鼓舞团队士气，让队员们在接下来的比赛中能够更好地发挥。

错误

比赛到赛点时申请暂停。

更正

应在更早的时候叫暂停，来影响比赛形势。处于优势时叫暂停，甚至会使队员变得更加紧张。通常情况下，在赛点时申请暂停已经太晚，无法达到预期效果。

了解统计数据

通过查看队员个人统计数据，并对这些数据进行分析，便能够更深入地了解整个比赛。以下介绍了个人统计中的相关数据和教练们经常参考的一些其他数据。同时，针对如何根据这些数据，设法提高队员和队伍的表现进行了讨论。

个人数据统计

- **进攻：**队员扣球、抹球，以及二传时为得分直接将球击过网的球数之和称作总进攻数（即TA）。如果对方无法防守进攻将球击回，或直接导致对方队员触网犯规，则称为进攻得分（即K）。进攻失误（即E）则是指攻手在进攻时，将球击出界，或被对方拦网队员拦击，反弹至己方球场落地，以及击球入网（会导致4次击球违规），或球碰到标志杆。此外，当队员在进攻时击球违规，身体部位越过中线，或后排进攻违规也算作进攻失误。进攻效率是用进攻得分数减去进攻失误数，然后除以进攻总数计算得到的，即（K–E）÷TA。优秀的攻手平均每局进攻得分数通常为3，进攻效率则为0.300+。

- **助攻：**队员通过一传、二传或救球将球传给攻手，而后马上进攻得分的情况下，表示该队员成功助攻1次。高水平的二传手一般平均每局助攻数为10.0+。

- **发球：**在发球队员发球后，对方无法将球救起或轮转违规，令发球队直接得分的情况，叫作发球直接得分（即SA）。而发球失误（即SE）则是指发球队员违规触球或发球出界。优秀的发球队员平均每局发球直接得分数一般为0.75。

- **接发球失误：**队员在接发球时违规触球，或接发球后队友不能顺利将球击回对方球场的情况，叫作接发球失误（即RE）。接发球失误数应与对方的发球直接得分数相同。如果不知道接发球的次数，则可能会被接发球失误数误导。

- **一传到位：**一传到位（即D）是指队员能够成功防守对方的进攻，并将球传给队友。一般来说，优秀的自由人平均每局一传到位数为5.0，优秀的三轮次后排队员则为2.5+。

- **拦网：**单人拦网（即SB）是指一名队员成功拦击对方的进攻，将球反弹回对方球场并得分。双人拦网成功得分则两名队员均算作拦网助攻（即BA）。队员在拦网时触网或标志杆，或者身体的一部分越过中线算作拦网犯规（即BE）。此外，后排队员进行拦网（通常是二传手）也算作拦网犯规。优秀的副攻平均每局比赛拦网数一般为1.0，优秀的两侧拦网队员平均每局拦网数则一般为0.7左右。

- **控球犯规：**队员在任何情况下发生持球或二次触球的情况，都会被判为控球犯规（即BHE）。

- **得分：**将所有能够令一方得分的数据（包括进攻得分、发球得分和拦网得分）加在一起作为总分（即TP）。

错误

将成功拦网算入救球成功的数据中。

更正

队员成功拦网不会被体现在官方的数据中，这是因为拦网并不是主动击球（防守定义中很重要的一点）。

其他数据

- 接发球得分百分比，是指队伍在接发球回合中得分的概率。这项数据与比赛的输赢有很大的关系，优秀的球队该百分比能够达到甚至超过70%。

- 接发球数据被划分为4个等级，这在第2章中已经有过介绍，而这个评价体系同样可以用于评价发球的有效性。比如接发球队员要努力做到3分的一传，而发球队员则希望对方的一传为0分（即一传不到位）。

通过阅读个人统计数据能够了解到比赛的许多信息。除了能够知道比赛比分曾经多么接近，以及比赛进行了3局还是5局，观察细致的人能够从数据中了解到很多其他情况。如果想了解两队的进攻强度，那么注意观察两队之间进攻效率的差异，以及该差异是因为效率高的队伍进攻得分的球数较多，还是效率低的队伍进攻失误更多。而确定进攻次数最多的队员位置，能够推测出该队传球的质量。如果位于中间的攻手得到了很多进攻机会，则说明传球队员非常优秀，能够将球准确地传向攻手的方向。而通过助攻数据，则能够判断出队伍所使用的进攻阵型。如果有2名队员的助攻数相似，则说明该队使用的是双二传手阵型（可能是6–2阵型或4–2阵型）；如果只有1名二传手完成了大多数二传，则表示该队在比赛中使用的是5–1阵型。从接发球队得分百分比数据中，则能够看出比赛双方是否势均力敌，或者队伍是否主要通过发球回合得分。

比赛训练1 分配队伍训练

你可以使用很多不同的方法来组建球队。首先让队员按照身高排列并报数，以此来确保队伍中队员身高均衡。篮球队会通过让队员进行罚球来挑选队员，而排球则是让队员向指定区域内发球或扣球来挑选队员。前6名能够将球击向指定区域的队员组成第一队。随着竞技水平的提高，可以划分出各球员的专业位置，队员可以通过与队友轮换，而始终保持位于同一位置。

使用以下方法来分配队伍并进行练习赛，每场比赛率先获得15分的队伍获胜：

- 身高（由高到低）。

- 年龄（由大到小）。

- 排球经验（由多到少）。

- 籍贯（按字母表的顺序）。
- 技术专长（按字母表的顺序）。

找出最匹配的方法。

增加难度

- 参加训练的队员按照能力分组，实力较强的组之间互相比赛，实力稍弱的组之间互相比赛。
- 让参加训练的队员根据本章中提到的标准，提交一份球队队员提名名单。

降低难度

- 分配队伍时完全随机。
- 在每场比赛前可以在各队之间交换队员。

成功的关键

- 无论队伍中队员如何，都要想办法提高本队获胜的概率。
- 要与队友进行沟通，互相交流自己的情况，以及观察到的对方的情况。
- 竭尽全力追求胜利。

给自己的训练打分

赢得三场或以上的比赛=10分

赢得一场或两场比赛=6分

未赢得比赛=2分

得分 ____

比赛训练2　连续回合训练

本训练的目的在于对比赛节奏进行过度训练，来提高队员们的决策力和控制力。球场两侧各6名队员，分别按照基础防守站位站好，然后在两队中后方防守队员的身后各安排一名负责抛球的队员（如图9.3所示）。首先由一方自由抛球开始比赛，该回合一直持续到出现"死球"，而后由出现"死球"一侧的抛球队员模拟救球，将球抛向二传手，然后比赛继续。记录下比分，率先获得10分且领先对方2分的队伍获胜。

增加难度

- 负责抛球的队员加快速度。

降低难度

- 在一个回合结束后，给队员们一定的时间准备，而后抛球队员再将球抛向二传手。

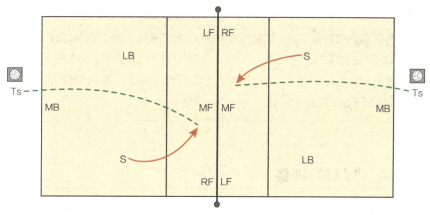

图9.3　连续回合训练

成功的关键

- 要记住哪些进攻有效，哪些无效。
- 当身体感到疲惫时，要更加注重技巧。
- 在比赛中与队友互相交流。

给自己的训练打分

训练得分为比赛中己方球队获得的分数，最多不超过10分。

得分 ____

比赛训练3　三连中训练

本训练的目的是要连续赢得3分。首先一方按照轮转次序进行发球，赢得该回合的球队要大声喊出"1"，并得到一个自由球，继续比赛。如果该队又赢得了第二个回合，那么队员要继续喊出"2"，而后再次得到自由球。直到有一队连续赢得3分，并完整喊出"1-2-3"，则该队获胜。然后，一队的前排队员与另一队的后排队员进行交换，继续比赛。如果打成平局，则两队自行挑选各自的队员，进行第三场比赛。

增加难度

- 增加1个连赢球数，来增加训练的时长。
- 在每个回合结束后，更换团队防守阵型。
- 训练时队员正常轮转（与参加常规比赛相同），并且每当有队伍连续赢得3分，完成三连中时，两队队员都要变换位置。

降低难度

- 连续赢得2个球便可得1分。
- 允许队员在训练中始终位于同一位置。

成功的关键

- 在具有优势时实施强力进攻，但如果没有优势则选择保守进攻方式。
- 充分利用对方的弱点。
- 在有压力的情况下也不能放弃思考。

给自己的训练打分

自己所在的队伍赢得两场或三场比赛＝10分

自己所在的队伍赢得一场比赛＝5分

自己所在的队伍未赢得比赛＝2分

得分 ＿＿＿＿

比赛训练4 "7球"训练

　　两队队员均使用基础防守阵型来进行比赛，在完成7个球后，记录下两队的分数。获得4分或4分以上的队伍，有机会选择下一回合是己方发球还是接发球。如果该队赢得了下一回合，则可得到前7个球的所有分数。如果另一队赢得该回合，则能够得到一个自由球的机会并开始新的回合；如果再次赢得该回合便可获得对方所拥有的分数；如果未赢得该回合，那么两队均不得分。之后变换队员们的位置，继续训练，率先获得25分的队伍获胜。

增加难度

- 将训练中的7个球增加至9个球，获得5分或5分以上的队伍有选择的机会。
- 在进行7个球后，具有选择权的队伍必须在下一回合发球，并赢得该回合以得到所有分数。

降低难度

- 将训练中的7个球减少到5个球，获得3分或3分以上的队伍有选择的机会。
- 率先获得15分的队伍获胜。

成功的关键

- 创建攻防阵型。
- 从最佳的轮转位置开始比赛。
- 如果队伍陷入疲劳战，则应及时叫暂停来进行调整。

给自己的训练打分

自己所在的队伍获胜＝10分

对方获胜＝5分

得分 ＿＿＿＿

本章小结

你已经逐步学习了排球的各项技术，以及如何成功地运用。现在又进一步学习了如何将这些技术结合到一起，来进行比赛。通过利用各种不同的方法，将队员安排到合适的位置，从而组建一支球队。学习了如何带领队伍赢得比赛，如何发现对方的弱点，并尽最大可能发挥本队的优势。了解了如何利用数据在比赛时提升技巧，从而对促进或阻碍队伍获胜的因素有了更深刻的理解。希望你能够掌握这些知识，并积极地影响你的队友。当你对本章训练中所要求的决策和策略调整等问题充满自信，且训练得分能够达到28分以上时，说明你已经充分掌握了排球运动！在下一章，会介绍各种不同方式的排球比赛，它们需要很多不同的技术以及适应性。

团队进攻训练

1. 分配队伍训练	得分（满分10分）
2. 连续回合训练	得分（满分10分）
3. 三连中训练	得分（满分10分）
4. "7球" 训练	得分（满分10分）
总计	**得分（总分40分）**

第 **10** 章

扫码立即免费领取10个
排球传球基础训练方法

不同种类的排球比赛

> "排球是一项十分适合在体育馆或运动场进行的运动，同时也可以在室外进行。参与运动的人数没有限制。"

在本书的开头部分，曾经引用过这句话。从这句话中，我们能够看出，威廉·摩根最早发明的排球运动具有很强的适应性。这种在人数和环境上的灵活性使得排球能够在世界范围内流行起来并获得了巨大的成功。

本章对一些常见的其他种类排球赛进行了概述，使读者可以有信心参与各种不同场地和形式的排球赛，包括沙滩排球、男女混合排球、草地排球、坐式排球、壁排球和足排球。这其中每一种排球类型都可以单独作为一本书来详细介绍，但本章的目的在于对这些比赛各自的规则和技巧提供一个简要的介绍。

沙滩排球

沙滩排球在20世纪80年代的快速兴起，让它在1996年成为了奥林匹克夏季运动会的比赛项目之一。而在现在的美国，全国大学生体育协会中有超过40个女子沙滩排球比赛项目，俱乐部比赛项目更是遍布全国，而为了挑选符合奖学金资格的学生运动员，中学排球比赛项目也正在进行开发。

大部分的沙滩排球锦标赛都是双人比赛，但也有3对3、4对4或6对6的沙排比赛。双人沙滩排球的球场大小为26英尺3英寸×52英尺6英寸（即8米×16米），球网高度（包括多人沙滩排球）则与室内排球赛相同。虽然沙滩排球中也可以使用标志杆来标记边界，但大多数球员会把网柱的延长部分当作标志杆。此外，沙滩排球场上没有中线，球可以穿越到对方场地中，但要注意不能干扰对方球员的发挥且不可接触球网。

181

根据美国排球协会对沙滩排球的规定，比赛使用三局两胜制，前两局每局21分，第三局决胜局（若前两句出现平局）15分。比赛中双方比分相加为7的倍数（决胜局中双方比分相加为5的倍数）时，交换场地，以减少风或阳光对比赛公平性的影响。在沙滩排球比赛中，必须遵守发球顺序，但与室内排球不同的是，队员没有固定的位置要求。队员在拦网时触球算作三次击球机会中的一次；然而，拦网队员允许在拦网后再次击球。球只有在大力扣球进攻时可以两次触球（发球时不允许），因此沙滩排球运动员最好尽量使用前臂进行垫球。在沙滩排球比赛中，对于二传的判定要比室内排球赛更加严格，因此队员在进行二传时一定要注意尽量不要使球发生旋转。沙排球员在二传击球时，通常会利用短暂的停顿来避免传球犯规，而其他球员会简单地使用前臂进行传球来避免二次触球犯规。无论何时，球员使用上手传球技巧时，传球轨迹必须垂直于双肩连线。在进攻时，沙滩排球队员不可使用放松的手指触球。球员在击球时必须保持手指伸直或使用手指关节来击球。

在沙滩排球比赛中，沙滩、阳光和风都会对球员的发挥造成影响，这些情况在室内排球赛中都是不会出现的。当室内排球队员第一次在沙滩上进行排球比赛时，其助跑击球经常会过早，这是因为球员在沙滩上无法跳得跟在室内一样高。而且，队员会使用与室内排球赛同样的力度来进行沙滩排球比赛。然而，由于沙滩排球赛场地较小，队员弹跳力也较弱，因此最好使用策略性进攻，采用吊球过网或击向对方后场角落处，这项权术相争的运动就是如此设计的。要确保一传和二传的高度足够高，但不能过高，防止风将排球吹离目标位置。在防守强大的攻手时，拦网是很有效的防守方式，但它需要准确的时机把握以及与队友的沟通。影响攻手对于进攻时机把握的因素同样也影响着拦网队员。要注意在对方攻手刚开始起跳后再立刻起跳进行拦网。若对方攻手并不构成强大的威胁，那么不要选择浪费队伍一般的防守力量来拦网进行防守，因为拦网的成功率很低，一般一场比赛中只有一到两次拦网会起到作用。相反，两名队员应均位于球场靠后的位置，观察对方攻手摆动手臂的动作来判断其进攻方向，准备好防守。

比赛中首先要考虑的策略便是如何防止对手运用其最擅长的技巧。要了解对手中哪名队员更擅长接发球、二传或进攻。要记住，在双人排球赛中，每次将球击向对方时，都能够根据自己的想法来指定对手某名队员来接发球、二传或进攻。若对方的一名队员比其队友要更加擅长进攻，那么明智之举便是在发球时将球击向不擅长进攻的球员。若对方的一名队员不擅长二传，那么应当将球击向其队友，来迫使对方球员暴露自己的弱点。

沙滩排球的防守位置是一个能够速成的学习过程。若队友发球，则自己应当移动到球场中间距离球网较近的位置。若对方一传过网，则该位置十分利于进行防守。若决定要拦网，则通过手势告诉队友自己是否要对对方攻手的直线球或斜线球进行拦击防守。向队友伸出食指表示自己准备拦击对方的直线进攻，而向队友同时伸出食指和中指则表示自己准备拦击对方的斜线进攻。队友便会移动到无人防守的一侧。若对方二传距离球网较远，在这种情况下拦网的效率很低，因此应当远离球网，移动到之前准备利用拦网防守的区域中。若两名队员均不打算进行拦网，则距离球网较近的队员应向后退，负责防守自己这一侧的区域，并做好防守准备姿势。与对方攻手同侧的防守队员通常会向前迈几步，准备防守刚刚过网的直线短球，而另一侧的斜线垫球队员则要做好防守大力扣球的准备。当一个队伍中有一名队员特别擅长拦网，而同时另一名队员特别擅长垫球时，则不会根据发球次序来分配每个人的防守职责。在回合进行中，拦网队员可以通过在身后用手势通知队友来更改队伍的拦网策略。在沙滩排球比赛中，防守队员在准备垫球时要注意观察对方攻手的动作，并提前向自己推测的可能进攻方向移动。虽然在室内排球比赛中，垫球队员在对方攻手击球时一般会选择保持不动，但若在沙滩排球时使用同样的策略，则会导致自己无法及时接近来球进行垫击。这意味着，有时会猜错对方的进攻方向导致防守失败，但随着解读比赛能力的提高，这种情况也会慢慢减少。

　　成功的进攻常常会使用到几项基本的进攻策略。当对方未对自己的进攻进行拦网，且己方二传十分到位，自己可以全力摆臂扣球时，应尽量向对方球员之间的位置进攻。将球击向对方球场中间区域，能够令两名队员均试图救球；即使其中一名队员成功将球救起，另一名队员也无法及时做好击球的准备。若对手未进行拦网，且使用了先前介绍的防守策略（即负责防守斜线球的队员在后方，负责防守直线球的队员在前方），那么可以选择使用快速斜线球来进攻。击球时，要注意控制球的高度不能过高，而给对方防守队员足够的时间来进行防守，同时也不能过低而使球未能过网，或者太用力导致球直接出界。因此，要多加练习，让自己能够稳定地击出快速斜线球，从而给对方的防守增加压力。当对方球员试图拦网时，则应选择击高球，将球击至对方拦网的覆盖范围内。

　　要确保自己做好在自然条件下进行比赛的准备。太阳镜能够阻挡过于耀眼的阳光以及避免击球时排球上的沙子飞进眼中。在沙滩排球赛中，回合之间可以有短暂的暂停，因此可以准备一条毛巾用来擦掉身上的沙子。队员在比赛中要保证摄入足够的水分，因为沙滩排球比室内排球更容易引起肌肉痉挛。此外，由于沙滩排球赛只有在因雷电天气或因大风天气吹来各种碎片等特殊情况下导致球场不安全时，才会取消比赛，因此队员们一定要做好应对天气变化的准备。

　　沙滩排球中的普遍礼仪包括在将球抛给其他队员之前将排球上的沙子擦掉，在自己挡住了发球队员时要主动移向旁边，在每次发球前喊出当前的比分（己队的分数在前）以及当自己犯规时应主动承认。一般情况下，沙滩排球比赛中并没有裁判员。即使有裁判，队员也要主动承认自己的违规击球和触网犯规。沙滩排球是一种团体运动，队员们可以变换队友进行比赛，使其比单纯的个人获奖记录更能体现出球员们的素质。举例来说，在对方防守队员位于球场后方准备进行垫球防守时，而连续使用一传直接过网的进攻策略，虽然这样做赢得了比分，但却是对比赛的不尊重。当考虑竞争策略是否符合礼仪道德时，可以使用黄金法则（即己所不欲勿施于人）来进行判断，这样便可以营造出充满挑战性和乐趣的比赛环境。还有最后一条建议：在沙滩上进行鱼跃救球时，一定要保证自己的嘴始终是闭着的。

男女混合排球与反向混合排球

在排球比赛中，经常会有男女混合的队伍存在。虽然这种混合比赛的排球规则通常与普通的男子或女子排球赛的规则相同，但在联赛或锦标赛中，两者之间还是存在一些差异。若比赛使用的球网高度与男子排球的球网高度相同，则以下为混合比赛中被更改的规则：

- 两队的男女人数比例（通常为3：3）。
- 男性队员与女性队员的位置关系（通常两两错开：男、女、男、女……）。
- 女性队员击球；通常来说，除非队伍未进行3次击球，否则必须由女性队员击球1次（很多队伍选择使用一名女性二传手来满足这项规则）。

因为比赛使用的球网与男子排球比赛中的球网高度相同，因此混合排球赛会降低女性队员在队伍中的价值。反向混合排球则是球网高度与女子排球赛球网高度相同的混合排球赛。为了减少男性队员对于较矮的球网的优势，规则规定男性队员只能在3米线之后的位置跳跃进攻，且男性队员不可进行跳跃拦网。在普通的男女混合比赛中，若队伍触球3次，则必须有1次为女性队员击球；而在反向混合比赛中，则必须有1名男性队员负责击球。

草地排球

不管是作为娱乐排球还是竞技排球，草地排球都很受欢迎。与沙滩排球相比，在草地上更容易搭起球网，而且任何公园、后院，或者足球场（甚至高尔夫球场）都能有足够的空间来为比赛提供多个场地。草地排球的规则大部分与沙滩排球的规则相同。主要区别在于：比起沙滩排球来说，在草地上比赛的球员移动速度更快，爆发力更强。另外在沙滩排球中存在的时机问题在草地排球赛中变得不那么明显，但与室内排球相比还是有所不同。草地排球联赛的队伍配置通常为3对3、4对4或6对6，场地上没有3米线，后排队员必须自行判断自己在进攻时是否因距离球网过近而违规。

当比赛为3对3时，所有队员都可在前排击球进攻，且球员应当负责防守自己在比赛开始时所处的区域。若进行拦网，则应指定1名拦网队员，通过拦网来防守球场中后方区域，而另2名防守队员则负责防守对方的直线扣球和快速斜线球。

当比赛队伍配置为4对4时，大多数联赛和锦标赛的规则都要求每队要有1名队员位于后排，且每名队员都要轮流到后排。让一名拦网队员负责拦击对方所有前排攻手的进攻，然后一名防守队员防守对方的直线球，另一名防守队员防守对方的斜线球，同时让后排队员有机会观察拦网的情况并做好相应的防守准备。

坐式排球

在排球的残奥会版本中，每名球员在比赛中臀部必须保持与地面接触，球场面积为16英尺5英寸×39英尺4英寸（即5米×12米）同样从中间被球网分为两部分。在男子坐式排球赛中，球网高度为3英尺9英寸（即1.15米），女子坐式排球则为3英尺5英寸（即1.05米）（如图10.1所示）。大部分普通室内排球赛的规则都适用于坐式排球比赛中，除了以下几点变化：

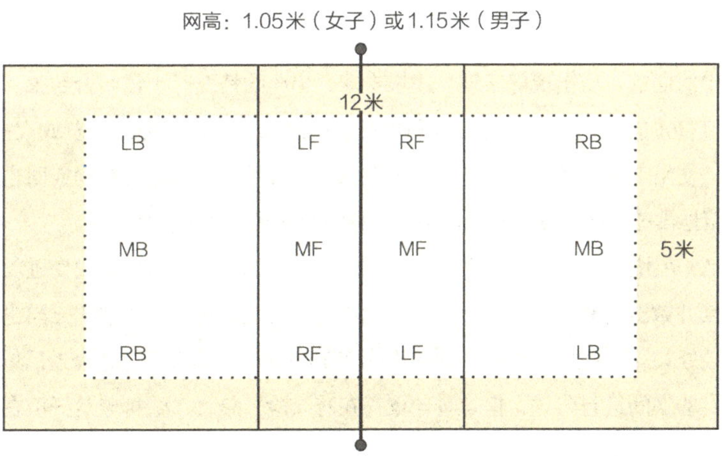

网高：1.05米（女子）或1.15米（男子）

图10.1 坐式排球

- 在比赛过程中，球员臀部必须保持与地面接触，但防守队员在扑救距离较远的球时，可以有短暂的抬离。
- 发球时，队员必须位于球场右后方，且臀部必须完全位于端线后（腿可以越过端线）。
- 在球员臀部不离开地面的前提下，可以在任意高度击球，同时后排队员必须保持臀部完全位于2米线后。
- 球员可以变换指定位置，但在移动过程中臀部不可离开地面。
- 前排队员可以拦网，但臀部不可离开地面。

不是只有下肢截肢的运动员才能参加坐式排球比赛。任何有身体残疾的球员都可以参加坐式排球赛，这项运动提供了一个适应性强、有包容性的竞技机会，让患有残疾和没有残疾的球员能够一起比赛。

壁排球

在壁球场地中，用球网将场地从中间分开，（其中球网用螺栓直接固定在两侧的墙面上），利用这种场地进行的排球比赛叫作壁排球。壁排球所使用的球的大小与普通排球赛相同，但制作材料为与壁球相同的蓝色橡胶。每队可以有2到6名队员，位置安排与之前介绍的草地排球相同。

比赛采用三局两胜制或五局三胜制。比赛混合使用每球得分制和发球方得分制。在发球队到达"冰点"之前（即还需获得不到3分即可获胜，通常为已获得12分时），使用每球得分制记分。而在"冰点"之后，比赛开始使用发球方得分制记分（只用当发球队赢得该回合时可以得分）。每局比赛中率先获得15分且领先对手2分的队伍获胜。

开始时，在距离后墙1米之内的任意位置发球。每队在将球击至对方球场时有3次击球机会，但不和将球击至天花板和后墙，并且在球接触对方球场地板或某名队员之前不能连续接触对方场地中的墙壁。当出现球落地、违规击球、出界的情况时，该回合结束。在队员击球前，球不可直接击向后墙，但球员可以利用后墙或边墙来将球反弹给队友或直接反弹过网。在壁排球中，使用上手传球被视为违规，但允许球员直接对发球进行拦网或回击。此外，与沙滩排球和草地排球一样，球员不得用手指吊球的动作来完成进攻性击球。

壁排球是一项快节奏的运动。需要花费时间来学习如何利用边墙来改变进攻的方向以及观察球的角度并做出判断。在进攻时，应尽量通过大力低球将球沿边墙的方向击出（击向地板与墙的连接处），或将球轻轻击向墙的高处，使其下落时也靠近墙。在靠近后墙处进攻会使对方没有足够的空间进行防守，但这种球也存在着风险。总之，壁排球是一项在有限的区域内，使用典型的排球技巧和策略的快速且有趣的运动。

足排球

若你曾经去过巴西里约热内卢的科帕卡巴纳海滩，你可能会见过很多人在沙滩上进行排球比赛，然而与普通排球比赛不同的是，他们用双脚、胸部和头部来击球比赛，而不是用手。足排球是一项融合了足球和排球技巧的运动。队伍（通常有2名队员）在与沙滩排球相同大小的球场上进行比赛，但无论男女，球网高度均为6英尺7英寸（即2米），且使用5号足球。球员不可使用胳膊的任何部位击球，此外几乎所有规则都与普通排球规则相同。还有一个例外就是在足排球中，队员可以接触球网而不会被算作犯规丢分。当球员使用倒勾球（人在腾空状态下且头下脚上将球踢出）得分时，该队加2分。每局比赛率先获得25分的队伍获胜。

适于青少年和初学者的排球比赛

虽然排球在美国中学、高校和成人中十分流行，但作为青少年运动却并没有受到广泛欢迎。比起足球、篮球、棒球、垒球和曲棍球，年轻球员想要适应排球规则和设备来提高自身的能力需要更长的时间，取得成就的过程更加缓慢。不过，最近出现了很多使用更轻的排球、更低的球网、更小的场地和更少的球员的排球比赛，来增加每名球员的击球机会同时增加他们能够感受到的防守责任。若你正在指导或教导一直青少年排球队，那么可以利用这些经过调整的比赛方法来帮助队员们了解排球的概念和技巧，作为帮助他们成功的一种方法。实际上，这些比赛方法可能同样适用于成年的新手球员。改变球场尺寸、排球大小、球网高度和击球的种类能够让年轻球员在比赛中成功率更高，激励他们继续下去。

"纽科姆"排球赛

这种比赛能够教给队员们排球的概念，但比赛节奏更慢且传球更易控制。这种比赛不要求在每一次击球时排球都要进行反弹，球员可以直接接住球而后扔出。球在球网一侧时，队员们最多可以触球3次。若排球在对方球场的界内区域落地，则进攻队得1分。若将球扔出界或将球击入球网，则对手得1分。比赛使用发球方得分制，率先获得11分的球队获胜。

儿童排球赛

这种改编的排球赛适合6到10岁的儿童。使用高度在4英尺和5英尺之间（即1.2米到1.5米）的可移动球网，将标准球场纵向分开，形成3个较小的球场（每个球场的面积大约为20英尺×15英尺，即6米×4.6米）。队员们在实践中学习排球技巧，但当进行比赛时，则为每队4名队员。比赛使用常规的发球轮转和每球得分制，但在3次触球中的前2次击球时允许队员将球接住。在第二次击球时直接将球接住的队员将球抛向队友，后者使用助跑，跳跃击球将球击过网。若对手成功防守住了进攻，则比赛继续，并使用同样的击球方法。随着球员的进步，可以要求队员只能在第二次击球时接住排球。正常一传和进攻但允许在二传时接球抛球能够增加足够的控球能力，使队员们在球位于己方球场时完成3次击球。率先获得15分的队伍获胜，而后打乱队伍配置，让队员与不同的队友一起比赛。

迷你排球赛

这是儿童排球赛的进阶比赛。比赛要求队员在每次击球时都要使用排球技巧，但比赛使用的球场相对较小（球网两侧为边长15到20英尺，即4.6到6米的正方形），且使用的排球较轻，球网高度也略低（6到6.5英尺即1.8到2米高）。球场的尺寸十分灵活，可以让指导者根据队员们的水平进行适当的调整。这种比赛适合11到13岁的儿童。比赛中，率先获得15分的队伍获胜，队员分配可以保持不变，也可以进行打乱调整。

不同种类的排球比赛训练1　半场双人排球训练

在球网中间放置一标志杆，将球场纵向分成两个部分。利用圆锥体标记物来标记出界线（如图10.2所示）。进行双人比赛，其中一名队员在后场发球，另一名队员则位于前场。对手应由一名队员负责拦网，另一名队员要根据拦网情况准备防守垫球。使用每球得分制进行比赛。

一局比赛结束后，两队交换队员，与新队友一起继续训练。队员们甚至可以使用斜线球进攻。记录下队员赢得比赛次数最多的队员。每局比赛中率先获得10分（并领先对手2分）的队伍获胜，而后更换队友继续比赛。进行三局比赛，且每局比赛的队友和对手都要进行更换。

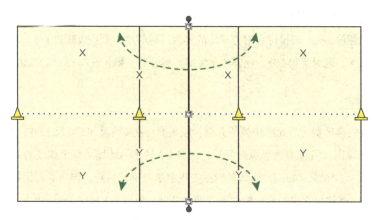

图10.2　半场双人排球训练

增加难度

- 沿对角线使用斜线球进攻。
- 每次将球击至对方球场时，与队友互换位置。

降低难度

- 始终与同一名队友一起进行比赛。
- 使用慢速球或吊球来增加控球能力。

成功的关键

- 朝自己面对的方向击球。
- 与队友进行沟通交流。

给自己的训练打分

在比赛中获得25到30分 = 10分

在比赛中获得15到24分 = 5分

在比赛中获得14分及以下 = 2分

得分 ____

不同种类的排球比赛训练2 速度球训练

速度球是使用整个排球场进行的2对2或3对3排球比赛。开始时,两队分别位于球网两侧,其中一队发球。输掉该回合的球队离开场地,而后替补队伍上场准备发球。在这个比赛中,赢得该回合的球队始终接发球。训练进行5分钟,球员自己记录自己获胜的回合数。训练时,队员可以保持队友不变也可以在每次输掉一回合时,更换新的队友。

增加难度

- 允许队员在球场任何地方进行进攻。
- 允许使用手指抹球。

降低难度

- 只允许后排进攻。
- 不允许抹球。

成功的关键

- 始终保持准备状态。
- 寻找并充分利用对方的弱点。
- 在比赛时与队友进行沟通交流。

给自己的训练打分

赢得15回合及以上 = 10分

赢得8到14回合 = 5分

赢得7回合及以下 = 1分

得分 ____

不同种类的排球比赛训练3 补救训练

在第4章中,这个训练被用于指导球员平衡进攻策略需要承担的风险。然而,这项训练也可以作为改编过的排球赛来进行。

比赛人数没有限制，需要一名教练或抛球队员来协助比赛。回合开始时，教练或抛球队员将球抛向球场任意一侧，而后比赛正常进行。若有队员发生失误，则教练通过重现导致失误的前一球，来给该队员机会弥补之前的失误。例如，若一名队员未能成功救球，则教练使用与先前对方攻手相同的进攻方式，将球击向该队员，令其再次进行防守。若队员将球击出界外，则教练再次将球抛向该队员，令其再次击球进行补救。比赛中，每名队员有1到2次的机会来进行补救；若补救成功，则比赛继续，且要注意此时本队所剩的允许击球次数。若队员未能成功补救，则被替补队员替换下场。

增加难度

- 使补救机会的难度更大。
- 补救之前要求队员做俯卧撑或蹲跳。

降低难度

- 允许球员失误2次以上，但同样的错误不能犯2次。

成功的关键

- 使用渐强助跑。
- 瞄准对方球场上防守最薄弱的区域。
- 要对自己的进攻有信心。

给自己的训练打分

完成了整场比赛（未被替换下场）=10分

被替换下场1次=5分

得分 ____

不同种类的排球比赛训练4　男女混合与反向混合排球训练

使用男女混合排球赛和反向混合排球赛的规则进行比赛。每局比赛率先获得25分且领先对手2分的队伍获胜。比赛时同娱乐赛一样没有裁判、记分员和边裁，全部靠队员们自己来进行比赛。

增加难度

- 如同锦标赛一样，让裁判组来判定比赛（判定标准要很严格）。

降低难度

- 减少对运动员犯规的处罚。

成功的关键

- 使用队伍最擅长的轮转次序位置开始比赛。
- 与队友讨论每个人最适合的角色。

不同种类的排球比赛训练5　坐式排球训练

　　降低球网高度，并使用颜色明显的胶带来标记出面积较小的场地。根据本章在先前介绍的坐式排球的规则来进行比赛，率先获得25分的队伍赢得该局比赛。

增加难度

- 将上一章中介绍的三连中训练方法应用到本训练中。

降低难度

- 给发生失误的队员提供补救的机会，而后直接继续比赛。

成功的关键

- 传球时要保证排球的高度，给队友足够的时间接近来球。
- 发球要具有进攻性，从而使本队能够较早地取得一定优势。
- 不要忘记拦网！

不同种类的排球比赛训练6　壁排球训练

　　到壁排球球场进行训练，在全新的环境中练习排球技巧。注意思考如何在其他球员还在适应新的规则和环境时自己能够最快地获得优势。进行两到三局比赛，每局比赛15分。

增加难度

- 在整个训练中都适用发球方得分制。

降低难度

- 使用普通的排球比赛记分方法来简化壁排球的得分制。

成功的关键

- 合理利用场地中的墙。
- 在本队这一侧的场地中控球。
- 做好对发球的拦网或回击准备。不过要记住在普通排球比赛中这一点是不允许的！

给自己的训练打分

自己所在的队伍赢得两局比赛=10分

自己所在的队伍赢得一局比赛=5分

自己所在的队伍未能赢得比赛=1分

得分 ＿＿

不同种类的排球比赛训练7　原始排球规则训练

　　使用摩根在1897年所发明的原始排球规则进行比赛。首先由A队发球，开始比赛。若A队赢得该回合，则A队加1分。若B队赢得该回合，则A队失败一次。当A队失败3次时，交换发球权，由B队进行发球。而后当B队失败3次时，发球权再次轮回A队。在进行9次轮转后，得分数更高的球队获胜。

增加难度

- 减少球队可失败的次数。

降低难度

- 增加球队可失败的次数，给球队更多的机会得分。

成功的关键

- 因为在比赛中肯定会完成整个轮转，所以为了在与对手相对时具有一定优势，在比赛开始时要使用本队最佳的轮转次序位置。
- 从比赛开始认真坚持到比赛结束。

给自己的训练打分

自己所在的队伍赢得了比赛=10分

自己所在的队伍未能赢得比赛=5分

得分 ＿＿

不同种类的排球比赛训练8 发球方得分制与每球得分制训练

按照普通排球规则进行比赛（包括轮转次序和发球权的交换），首先使用每球得分制进行比赛，率先获得7分的队伍获胜。而后相同的两支队伍重新使用发球方得分制（即只有发球队能够得分）进行比赛。两次比赛所用时间是否相当？在两种比赛方式中，各应注重哪些技巧？

增加难度

● 每局比赛由7分增加到15分。

降低难度

● 给队员提供补救和改正失误的机会。

成功的关键

● 当比赛使用发球方得分制时，发球时可更具进攻性。

● 在比赛中尽早使用本队最佳的轮转次序位置。

给自己的训练打分

自己所在的队伍赢得该局比赛（使用每球得分制的比赛）=10分

对手赢得该局比赛（使用每球得分制的比赛）=5分

自己所在的队伍赢得该局比赛（使用发球方得分制的比赛）=10分

对手赢得该局比赛（使用发球方得分制的比赛）=5分

得分 ____

本章小结

这么多不同场地、不同形式的排球比赛给你们提供了许多机会能够充分利用新学到的知识和技巧。无论是在沙滩上还是壁球场内，无论是草地排球赛还是室内男女混合赛，要记住在任何排球比赛中使用相应排球技巧时，一定要控制好自己的动作和力度，严格要求自己，不过同时也不要害怕犯错。失误也是比赛中的一部分，只要能从失败中吸取经验教训并继续学习，就能够逐渐取得进步。排球不是一个人的运动，在每次比赛中，自己的表现都会影响到其他球员的心态。因此我们要始终保持积极的心态，不懈努力，尽可能给队友们提供支持，使比赛成为所有队员的愉快经历，同时也会带领队伍赢得胜利。最后，祝大家万事顺利，保持进步！

不同种类的排球比赛训练

1. 半场双人排球训练　　　　　　　　　　得分（满分10分）

2. 速度球训练　　　　　　　　　　　　　得分（满分10分）

3. 补救训练　　　　　　　　　　　　　　得分（满分10分）

4. 男女混合与反向混合排球训练　　　　　得分（满分10分）

5. 坐式排球训练　　　　　　　　　　　　得分（满分10分）

6. 壁排球训练　　　　　　　　　　　　　得分（满分10分）

7. 原始排球规则训练　　　　　　　　　　得分（满分10分）

8. 发球方得分制与每球得分制训练　　　　得分（满分20分）

总计　　　　　　　　　　　　　　　**得分（总分90分）**

术语表

发球直接得分——发球接触地面或对手无法触球，发球队得1分。

控球犯规——由第一裁判员进行判断，指比赛中任何违规触球行为。

拦网——指防守队在3米线前对高于球网高度的球的任何接触，且使排球反弹回对方球场。

拦网助攻——指两名队员同时起跳拦网，且拦网成功得分。

拦网触球——指防守队员在3米线前与高于球网的来球的所有接触。

集中拦网——一种防守策略，位于两侧的拦网队员向中间移动，与中间拦网队员一起对对方的中间进攻进行双人拦网防守。

前扑垫球——一种防守性传球技巧，当球直接击向防守队员身前时，身体前扑，将双臂插入球下击球，将球救起。

加速助跑——进攻时使用的一种步法，特点为速度由慢至快，步伐由小至大。

垫球——指所有对进攻球的防守性击球，且成功保持该回合继续正常进行。

鱼跃——一种紧急的防守技巧，队员伸展四肢扑向地板来尽力击球，防止排球落地。

双人拦网——两名前排队员在网前并肩起跳，同时向上举起手掌，超过球网，使手掌正对迎面而来的进攻。

二次触球——违规触球的一种，指排球连续接触队员两个不同的身体部位。

二次进攻——在第二次击球时直接进攻，通常由二传手进行。

端线——指球场后方的边界线，同时也指发球线。

失误——在比赛的个人数据统计中，失误指任何导致对手得分的进攻性击球（例如击球出界或击球入网，进攻被对方拦网队员拦击从而反弹至己方球场，击球违规，或击球时违规触网）。

第一裁判——指有着最终决定权的裁判，通常位于高处的裁判台上，负责控制比赛的节奏并且判断所有队员的击球是否符合规则。

五人接发球阵型——指一种接发球阵型的安排方式，将防守职责分配给每一个队员（队形通常为"W"型）。

网前对抗——指当排球位于球网上空平面，两队均有机会击球时，前排队员在网前努力地争抢。

跳发飘球——指发球队员起跳后双脚离地时击球，且排球自身几乎没有旋转，使得球的飞行方向无法预测，可能会突然转向。

跳传——球员起跳后双脚离地，在头上将球传给攻手。

跳发旋转球——指发球队员起跳后双脚离地时击球且击球时手掌从上到下移动，使排球产生旋转。

进攻得分——任何使本队得分的进攻。

左侧攻手（主攻）——基础站位位于区域4的队员，且经常为球场上二传手最易传球的对象。

自由人——队伍中指定的专门负责防守的队员，可以灵活地替换任意后排队员而不受替换规则的限制，但自由人不可在高于球网高度的地方击球或在3米线内将球传给己方攻手进行进攻。

司线员——裁判组的一员，负责分辨排球是否出界以及是否接触到防守队员。

倒三角（边缘）防守阵型——指位于区域6的球员需向后移动，负责防守靠近端线区域的防守阵型。同时也可称为观察防守阵型，因为在这种阵型中，球员们可以灵活地向推测的进攻方向移动。

上手传球——一种使用双手在头上传球的方式。

传球——任何使用前臂和手掌进行的非进攻性击球。

两侧拦网队员——位于左侧或右侧靠近标志杆处的前排拦网队员。

垫击平面——球员手臂伸直，肘部固定，两手抱拳互握，两拇指平行贴紧，在前臂处形成的用于击球的平面。

快攻球——将球迅速地直接传向攻手进攻时的击球点高度。

每球得分制——一种计分体系，不管是否是发球方，只要赢得当前回合便可得分。

红牌——裁判员用于处罚多次违反规则或多次进行无体育道德行为的球员的方法，若被出示红牌，则失一分。若球员或教练被重复出示红牌，则会被驱逐出球场。

重赛——指为了保护球员的安全而需要重新比赛的回合（例如另一个球场上的球滚到本方球场）或因裁判员无法确定正确判罚而重新进行有争议的回合。

吊球——指使用手掌击出具有弧度的慢速球，使球越过对方拦网队员，飞向对方球场中距离球网较近的地方。

轮转防守阵型——位于区域6的队员移动到边线处准备防守对方外侧攻手的进攻，而位于边线处的垫球队员则负责防守抹球的一种防守阵型。

第二裁判——第二裁判位于靠近记分台和球员席位一侧的球网柱边，负责确认中线和触网犯规，核实轮转位置是否正确，以及与记分台的交流沟通。

发球失误——指所有的错误发球，包括发球出界、发球入网、在接触到对方球员或地面之前发球直接飞出端线，或发球时违规触球（包括持球和二次触球）。

二传——传给攻手的上手传球。

发球方得分制——在现代比赛中很少使用的一种计分方式。队伍只有在拥有发球权且赢得该回合时能够得分。使用发球方得分制的比赛通常为15分一局。

场上队长——指定的可与第一裁判进行沟通的队员。

分散拦网——拦网策略的一种。令两侧的拦网队员位于标志杆附近，无须帮助中间拦网队员拦击来自中间位置的进攻，从而确保能够防守对方两侧攻手的进攻。

站立发飘球——发球队员站立发球，利用手掌击球，使发出的球不旋转，从而增加了其不可预测性。

站发旋转球——发球队员站立发球，击球后手腕向前推压，使发球带有旋转。

单人拦网得分——指只有1名队员进行拦网，且拦网成功得分。

摆臂拦网——使用与进攻相似的助跑和摆臂动作来进行拦网的一种技巧。

三人接发球阵型——安排3名队员接发球并进行一传的阵型，其中每名队员负责防守其三分之一的球场范围。

三人拦网得分——指3名队员同时起跳拦网，且拦网成功得分。

两人接发球阵型——安排两名队员负责接发球，各自负责自己一侧一半球场范围的发球。

黄牌——裁判员对于违反纪律队员的处罚，用于对违反规则或存在无体育道德行为的球员进行警告。

关于作者

贝基·施密特曾经是美国霍普学院排球队的队员，从2004年开始担任球队的主教练。在2014年，她带领球队 Flying Dutch 在第十赛季中赢得了20多场比赛，并最终夺得了美国全国大学体育协会三类大学排球赛的冠军。

同时在霍普学院和加利福尼亚州雷德兰兹大学执教的施密特有着高达76.2%的胜率，这使她成为了美国全国最优秀的排球教练之一。她曾两次（分别为2005赛季和2009赛季）带领 Flying Dutch 球队在密歇根州校际运动联合会（MIAA）比赛中取得全胜战绩。在2009年，她带领球队一共赢得了34场比赛，从而创造了学校的纪录，而后在2014年再一次赢得了34场比赛，与之前的纪录持平。

2008年，施密特作为密歇根州校际运动联合会的代表被选入美国排球教练员协会理事会。施密特于1999年从霍普学院毕业，毕业之前作为中间拦网队员曾两次获得密歇根州校际运动联合会最有价值球员称号。她在大四那年，成为了霍普学院排球队中第一名获得全美荣誉的球员。

施密特作为一名排球助理教练从俄亥俄州的迈阿密大学毕业，在这里她获得了运动行为和表现的硕士学位。她曾在密歇根州、俄亥俄州和加利福尼亚州执教过俱乐部球队，并且在2002年，她带领美国国际运动员团队在澳大利亚赢得了澳大利亚及新西兰联赛的冠军。

施密特现居住于美国密歇根州荷兰市。

关于译者

　　高旦潇，北京体育大学运动训练学硕士，排球国家三级运动员，国家体育总局训练局国家队体能训练中心体能教练；备战2012伦敦奥运会身体功能训练团队体能教练，备战2016里约奥运会身体功能训练团队体能教练。先后服务于国家跳水队、国家乒乓球队、国家女子排球队、国家女子篮球队和国家花样游泳队。